中南财经政法大学会计·财务系列教材
习近平新时代中国特色社会主义思想课程思政教材
“纸质+数字化资源+互联网”新形态教材
国家级一流本科专业配套教材
国家级一流本科课程配套教材

中级财务会计习题集

（第二版）

王昌锐　主编

中国财经出版传媒集团
中国财政经济出版社

图书在版编目（CIP）数据

中级财务会计习题集 / 王昌锐主编. - -2 版. —北京：中国财政经济出版社，2022.5（2023.6 重印）
中南财经政法大学会计·财务系列教材
ISBN 978 -7 -5223 -1350 -4

Ⅰ.①中… Ⅱ.①王… Ⅲ.①财务会计 - 高等学校 - 习题集 Ⅳ.①F234.4 -44

中国版本图书馆 CIP 数据核字（2022）第 063185 号

责任编辑：温彦君　　责任校对：张　凡
封面设计：陈宇琰　　责任印制：党　辉

中级财务会计习题集（第二版）
ZHONGJI CAIWUKUAIJI XITIJI

中国财政经济出版社 出版
URL：http：//www.cfeph.cn
E - mail：cfeph@ cfeph.cn

社址：北京市海淀区阜成路甲 28 号　邮政编码：100142
营销中心电话：010 - 88191522
天猫网店：中国财政经济出版社旗舰店
网址：https：//zgczjjcbs.tmall.com
固安华明印业有限公司印刷　各地新华书店经销
成品尺寸：185mm×260mm　16 开　14.5 印张　337 000 字
2022 年 5 月第 2 版　2023 年 6 月河北第 2 次印刷
定价：52.00 元
ISBN 978 - 7 - 5223 - 1350 - 4
（图书出现印装问题，本社负责调换，电话：010 - 88190548）
本社质量投诉电话：010 - 88190744
打击盗版举报热线：010 - 88191661　QQ：2242791300

推 荐 说 明

本系列教材为财政部教材编审委员会推荐教材。

财政部教材编审委员会
2006 年 1 月

中级财务会计习题集（第二版）
编　写　组

主　　编：王昌锐

副 主 编：晏　超　严　静

参编人员：汤湘希　沈　烈　陈丽红　季　华　李燕媛　谭艳艳
石中美　刘东晓

总 序

“教材建设是事关未来的战略工程、基础工程，教材体现国家意志”。新时代对会计、审计和财务管理的人才要求越来越高，因此，进一步深化会计、审计、财务管理教育改革，培养满足新时代需求的高素质会计、审计、财务管理的人才，是我国高校教育当前的紧迫任务。我们一直努力探索会计学专业和财务管理专业的教育改革，尤其是教材改革问题。早在 1982 年，我们便对会计学专业主干课程教材进行了改革，提出了一套系统改革方案，经财政部批准后作为财政部部属院校的两套会计学专业教改方案之一实施，并进行了中南财经政法大学（时名湖北财经学院）系列教材建设。

课程改革是关键，教材改革是基础。1993 年，为了适应《企业会计准则》《企业财务通则》和行业会计制度与行业财务制度改革，我们改革了会计学专业主干课程体系，启动并出版了第一轮《中南财经大学会计系列教材》。该系列教材在 1994 年第六届全国书市上被评为最佳畅销套书。各教材也分别获得第二届财政部优秀教材奖，受到广大读者、使用单位和出版界的好评与欢迎。此后，我们于 1996 年至 1997 年修订出版了第二版，在社会上产生了广泛和良好的影响。

2000 年启动了第二轮《中南财经政法大学会计·财务系列教材》的建设工作，确定出版了十一门课程的教材，其中增加了为非会计学专业和非财务管理专业的本科生组织编写的《会计学概论》《公司财务管理概论》两种教材，从 2001 年起陆续由中国财政经济出版社出版发行。

从 2005 年起，我们启动了第三轮《中南财经政法大学会计·财务系列教材》的建设工作。教材编审委员会审定通过并确定了十八门核心课程的教材，从 2006 年起陆续由中国财政经济出版社出版发行。

从 2018 年起，我们启动了第四轮《中南财经政法大学会计·财务系列教材》的建设工作。教材编审委员会审定通过并确定了课程体系由主干课程、特色课程、实践实验课程、外专业课程四个模块构成。主干课程的教材包括《会计学原理》《中级财务会计》《高级财务会计》《财务管理》《高级财务管理》《成本会计》《审计学》《财务分析》八种；特色课程的教材包括《会计史》《管理会计》《会计理论》《会计制度设计》《政府会计》五种；实践实验课程的教材包括《会计案例》《财务管理案例》《审计案例》《会计信息系统》四种；外专业课程的教材包括《会计学》《公司财务管理概论》两种。这套系列教材从2018年起陆续由中国财政经济出版社出版发行。

在本轮教材建设中，我们继续坚持多年教材建设“理论与实务并重、兼容并蓄、立足我国、放眼世界、务实创新”的原则，该系列教材具有“科学性、先进性、实用性和易教易学性”等四个特点：（1）系统论述会计学科、审计学科和财务管理学科的基本知识、基本理论和基本技能，全面反映我国经济改革和会计、审计、财务管理改革及研究的最新成果，体现教材的科学性；（2）立足现实，面向未来，体现教材的先进性；（3）既同国际趋同，又与中国实际相结合，体现教材的实用性；（4）充分尊重教学规律的要求，体现教材的易教易学性。

需要特别说明的是，2018年起新出版的《中南财经政法大学会计·财务系列教材》，继续得到了中国财政经济出版社以及许多兄弟院校和广大读者的热情支持与帮助，在此一并表示衷心的感谢！同时，我们也真诚地希望会计界、审计界、财务界的专家、学者和广大读者，以及实务界的朋友，提出宝贵的意见和建议，以便再版时修订、完善。

中南财经政法大学会计·财务系列教材编审委员会

2018年6月

编写说明

为了推进我国企业会计准则与国际财务报告准则的持续全面趋同，财政部于2010年4月1日发布了《中国企业会计准则与国际财务报告准则持续趋同路线图》。针对国际财务报告准则的新变化，为实现与国际财务报告准则的持续趋同，2014年，财政部先后发布了经其修订后的《企业会计准则——基本准则》《企业会计准则第2号——长期股权投资》《企业会计准则第9号——职工薪酬》《企业会计准则第30号——财务报表列报》《企业会计准则第33号——合并财务报表》《企业会计准则第37号——金融工具列报》等，且同期间还发布了全新的《企业会计准则第39号——公允价值计量》《企业会计准则第40号——合营安排》《企业会计准则第41号——在其他主体中权益的披露》三项具体会计准则。2017年，财政部先后发布了经其修订后的《企业会计准则第14号——收入》《企业会计准则第16号——政府补助》《企业会计准则第22号——金融工具确认和计量》《企业会计准则第23号——金融资产转移》《企业会计准则第24号——套期会计》《企业会计准则第37号——金融工具列报》等，且同期间还发布了全新的《企业会计准则第42号——持有待售的非流动资产、处置组和终止经营》。2018年，财政部发布了经其修订后的《企业会计准则第21号——租赁》。2019年，财政部发布了经其修订后的《企业会计准则第7号——非货币性资产交换》《企业会计准则第12号——债务重组》两项具体会计准则。2020年，财政部发布了经其修订后的《企业会计准则第25号——保险合同》。

作为国家级精品课程、国家级精品资源共享课程、国家级一流本科课程以及中国大学MOOC（慕课）的教材，《中级财务会计（第二版）》由中南财经政法大学会计学院中级财务会计教研室的老师在第一版基础上，以最新的企业会计准则和最新的税收法规等为基本依据，并参考《国际财务报告准则》的最新成果进行全面修订而来。同时，根据2021年国家教材委员会印发的《习近平新时代中国特色社会主义思想进课程教材指南》，本教材第二版的每章安排了与本章内容相关的习近平新时代中国特色社会主义思想的材料，并拟定了一个研讨主题。为了巩固和提高学习的效果，满足该课程教学所需，该教材编写团队及时修订了《中级财务会计习题集》。《中级财务会计习题集（第二版）》由王昌锐担任主编，晏超和严静担任副主编。本书各章编写人员及分工如下：第一章由汤湘希执笔；第二章由石中美执笔；第三章由季华执笔；第四章由晏超执笔；第五章由王昌锐执笔；第六章由晏超执笔；第七章由李燕媛执笔；第八章由沈烈执笔；第九章由严静执笔，第十章由刘东晓执笔；第十一章由陈丽红执笔；第十二章由谭艳艳执笔；第十三章由王昌锐执笔；模拟试卷（一）和模拟试卷（二）由王昌锐执笔；模拟试卷（三）和模拟试卷（四）由季华执笔。本习题集最后由王昌锐、晏超和严静进行了总纂、修改和定稿。

在本习题集的修订再版中，我们参阅了大量已有的成果，这些成果以参考文献的方式予以反映，在此表示衷心感谢！同时，在本习题集的修订再版过程中，还得到了中南财经政法大学会计·财务系列教材编审委员会和中国财政经济出版社的大力支持和帮助，谨此一并深表谢意！

在本习题集的修订再版过程中我们力求做到重点突出、表述准确、参考答案正确，但由于我们水平有限，书中难免有疏误之处，恳请广大读者批评指正，以便我们再版时予以修订。

您的宝贵意见请反馈至以下邮箱：wchr1974@ aliyun. com。

本书编写组

2022 年 5 月

目　录

第一篇　习　题

第一章　总论 ………………………………………… (3)
一、单项选择题 ………………………………………… (3)
二、多项选择题 ………………………………………… (4)
三、判断题 ………………………………………… (5)
第二章　货币资金 ………………………………………… (6)
一、单项选择题 ………………………………………… (6)
二、多项选择题 ………………………………………… (7)
三、判断题 ………………………………………… (8)
四、计算及账务处理题 ………………………………………… (9)
第三章　应收款项 ………………………………………… (11)
一、单项选择题 ………………………………………… (11)
二、多项选择题 ………………………………………… (12)
三、判断题 ………………………………………… (13)
四、计算及账务处理题 ………………………………………… (13)
第四章　存货 ………………………………………… (15)
一、单项选择题 ………………………………………… (15)
二、多项选择题 ………………………………………… (17)
三、判断题 ………………………………………… (20)
四、计算及账务处理题 ………………………………………… (20)
第五章　对外投资 ………………………………………… (24)
一、单项选择题 ………………………………………… (24)
二、多项选择题 ………………………………………… (26)
三、判断题 ………………………………………… (28)
四、计算及账务处理题 ………………………………………… (29)
第六章　固定资产 ………………………………………… (33)
一、单项选择题 ………………………………………… (33)
二、多项选择题 ………………………………………… (35)
三、判断题 ………………………………………… (37)

四、计算及账务处理题 …………（37）
第七章 无形资产 …………（41）
一、单项选择题 …………（41）
二、多项选择题 …………（42）
三、判断题 …………（43）
四、计算及账务处理题 …………（44）
第八章 流动负债 …………（46）
一、单项选择题 …………（46）
二、多项选择题 …………（48）
三、判断题 …………（50）
四、计算及账务处理题 …………（51）
第九章 非流动负债 …………（54）
一、单项选择题 …………（54）
二、多项选择题 …………（55）
三、判断题 …………（56）
四、计算及账务处理题 …………（56）
第十章 所有者权益 …………（59）
一、单项选择题 …………（59）
二、多项选择题 …………（60）
三、判断题 …………（61）
四、计算及账务处理题 …………（62）
第十一章 收入与费用 …………（65）
一、单项选择题 …………（65）
二、多项选择题 …………（72）
三、判断题 …………（78）
四、计算及账务处理题 …………（79）
第十二章 利润及其分配 …………（82）
一、单项选择题 …………（82）
二、多项选择题 …………（84）
三、判断题 …………（86）
四、计算及账务处理题 …………（87）
第十三章 财务报表 …………（90）
一、单项选择题 …………（90）
二、多项选择题 …………（92）
三、判断题 …………（93）
四、计算及账务处理题 …………（94）
五、综合题 …………（96）
模拟试卷（一） …………（109）
一、单项选择题 …………（109）

二、多项选择题 …… (110)
三、判断题 …… (111)
四、计算及账务处理题 …… (111)
模拟试卷（二） …… (113)
一、单项选择题 …… (113)
二、多项选择题 …… (114)
三、判断题 …… (115)
四、计算及账务处理题 …… (116)
模拟试卷（三） …… (118)
一、单项选择题 …… (118)
二、多项选择题 …… (119)
三、判断题 …… (120)
四、计算及账务处理题 …… (120)
模拟试卷（四） …… (122)
一、单项选择题 …… (122)
二、多项选择题 …… (123)
三、判断题 …… (124)
四、计算及账务处理题 …… (125)

第二篇　参考答案

第一章　总论 …… (129)
一、单项选择题 …… (129)
二、多项选择题 …… (129)
三、判断题 …… (129)
第二章　货币资金 …… (130)
一、单项选择题 …… (130)
二、多项选择题 …… (130)
三、判断题 …… (130)
四、计算及账务处理题 …… (130)
第三章　应收款项 …… (133)
一、单项选择题 …… (133)
二、多项选择题 …… (133)
三、判断题 …… (133)
四、计算及账务处理题 …… (133)
第四章　存货 …… (135)
一、单项选择题 …… (135)
二、多项选择题 …… (135)
三、判断题 …… (135)

四、计算及账务处理题 …… (135)
第五章 对外投资 …… (141)
一、单项选择题 …… (141)
二、多项选择题 …… (141)
三、判断题 …… (141)
四、计算及账务处理题 …… (141)
第六章 固定资产 …… (146)
一、单项选择题 …… (146)
二、多项选择题 …… (146)
三、判断题 …… (146)
四、计算及账务处理题 …… (146)
第七章 无形资产 …… (151)
一、单项选择题 …… (151)
二、多项选择题 …… (151)
三、判断题 …… (151)
四、计算及账务处理题 …… (151)
第八章 流动负债 …… (154)
一、单项选择题 …… (154)
二、多项选择题 …… (154)
三、判断题 …… (154)
四、计算及账务处理题 …… (155)
第九章 非流动负债 …… (159)
一、单项选择题 …… (159)
二、多项选择题 …… (159)
三、判断题 …… (159)
四、计算及账务处理题 …… (159)
第十章 所有者权益 …… (164)
一、单项选择题 …… (164)
二、多项选择题 …… (164)
三、判断题 …… (164)
四、计算及账务处理题 …… (164)
第十一章 收入与费用 …… (168)
一、单项选择题 …… (168)
二、多项选择题 …… (168)
三、判断题 …… (169)
四、计算及账务处理题 …… (169)
第十二章 利润及其分配 …… (173)
一、单项选择题 …… (173)
二、多项选择题 …… (173)

三、判断题 …………………………………………………………………… (173)
四、计算及账务处理题 ……………………………………………………… (173)
第十三章　财务报表 …………………………………………………………… (177)
一、单项选择题 …………………………………………………………… (177)
二、多项选择题 …………………………………………………………… (177)
三、判断题 …………………………………………………………………… (177)
四、计算及账务处理题 ……………………………………………………… (177)
五、综合题 …………………………………………………………………… (179)
模拟试卷（一） ………………………………………………………………… (199)
一、单项选择题 …………………………………………………………… (199)
二、多项选择题 …………………………………………………………… (199)
三、判断题 …………………………………………………………………… (199)
四、计算及账务处理题 ……………………………………………………… (199)
模拟试卷（二） ………………………………………………………………… (202)
一、单项选择题 …………………………………………………………… (202)
二、多项选择题 …………………………………………………………… (202)
三、判断题 …………………………………………………………………… (202)
四、计算及账务处理题 ……………………………………………………… (202)
模拟试卷（三） ………………………………………………………………… (205)
一、单项选择题 …………………………………………………………… (205)
二、多项选择题 …………………………………………………………… (205)
三、判断题 …………………………………………………………………… (205)
四、计算及账务处理题 ……………………………………………………… (205)
模拟试卷（四） ………………………………………………………………… (208)
一、单项选择题 …………………………………………………………… (208)
二、多项选择题 …………………………………………………………… (208)
三、判断题 …………………………………………………………………… (208)
四、计算及账务处理题 ……………………………………………………… (208)
主要参考文献 …………………………………………………………………… (211)

第一篇

习　　题

第一章

总　论

一、单项选择题

1. 企业财务会计信息的主要使用者是（　　）。
A. 政府部门　　B. 投资者和债权人
C. 企业内部会计信息使用者　　D. 企业外部会计信息使用者

2. 财务会计信息传递的手段主要是（　　）。
A. 原始凭证和记账凭证　　B. 序时账簿和分类账簿
C. 会计报表为核心的财务报告　　D. 证、账、表为核心的通知公告

3. 下列对会计主体的表述恰当的是（　　）。
A. 一个会计主体必然是一个法律主体
B. 会计主体确立了会计核算的时间范围
C. 会计主体确立了会计核算的空间范围
D. 会计主体为会计核算提供了计量手段

4. 会计核算中权责发生制和收付实现制产生的基础是（　　）。
A. 会计主体　　B. 持续经营
C. 会计分期　　D. 货币计量

5. 下列关于损失的表述中正确的是（　　）。
A. 损失可能源于非日常经营活动
B. 损失一定源于非日常经营活动
C. 损失一定会直接影响当期的净利润
D. 损失一定会直接影响当期的所有者权益

6. 根据我国企业会计准则要求，企业在对会计要素进行初始计量时，一般应当采用的计量模式是（　　）。
A. 历史成本/名义货币　　B. 现行成本/名义货币
C. 历史成本/不变购买力　　D. 现行成本/不变购买力

7. 下列不属于中期财务报告的是（　　）。
A. 年度财务会计报告　　B. 月度财务会计报告
C. 季度财务会计报告　　D. 半年度财务会计报告

8. 企业对已经发生的交易或者事项，应当及时进行会计确认、计量和报告，不得提前或者延后，所反映的会计信息质量要求是（　　）。

A. 重要性　　B. 及时性
C. 谨慎性　　D. 实质重于形式

9. 下列表述中，体现了可比性要求的是（　　）。
A. 部分资产允许采用公允价值计量
B. 资产一旦发生减值，应计提减值准备
C. 企业可以根据固定资产特点与经营状况，灵活选择资产折旧方法
D. 固定资产折旧方法、折旧年限及净残值一经确定，不得随意变更，确有需要变更，应在财务报告中说明

10. 下列会计要素中，不属于企业会计要素的是（　　）。
A. 资产　　B. 负债
C. 收入　　D. 净资产

二、多项选择题

1. 财务会计主要提供的信息包括（　　）。
A. 货币量化的财务会计信息
B. 非货币量化的财务会计信息
C. 反映企业经营战略和未来发展的前瞻性信息
D. 反映企业过去财务状况、经营业绩和现金流量变动的历史信息

2. 财务会计系统的基本构成元素包括（　　）。
A. 确认　　B. 计量
C. 记录　　D. 报告

3. 财务会计报告目标主要解决的问题包括（　　）。
A. 向谁提供信息　　B. 为何提供信息
C. 提供哪些信息　　D. 如何提供信息

4. 下列组织中可以作为一个会计主体进行核算的有（　　）。
A. 分公司　　B. 子公司
C. 集团公司　　D. 研发中心

5. 下列经济业务中，导致静态会计等式两边同时变动的有（　　）。
A. 用盈余公积转增股本　　B. 用银行存款支付现金股利
C. 收到投资者投入的生产设备　　D. 商业汇票到期付款方无力支付

6. 下列各项中，不属于会计信息质量要求的有（　　）。
A. 谨慎性　　B. 持续经营
C. 会计分期　　D. 划分收益性和资本性支出

7. 相关性要求所提供的会计信息（　　）。
A. 具有及时性
B. 与使用者的决策需求相关
C. 能够使决策者证实或更正过去决策时的预期结果
D. 能够帮助决策者预测过去、现在和未来事项的可能结果

8. 可靠性要求做到（　　）。

A. 以实际发生的交易或事项为依据进行确认、计量

B. 包括在会计报告中的会计信息应当是中立的、无偏的

C. 会计信息应清晰明了，便于财务报告使用者理解和运用

D. 在符合重要性和成本效益原则的前提下，保证会计信息的完整性

9. 在存在不确定因素的情况下，企业对下列事项的处理符合谨慎性要求的有（ ）。

A. 不高估资产和收入

B. 尽可能低估负债和费用

C. 充分估计可能发生的损失和费用

D. 设置秘密准备，以备在利润不佳的年度转回

10. 下列各项中，属于我国企业财务报表组成部分的有（ ）。

A. 附注 B. 利润表

C. 资产负债表 D. 业务活动表

三、判断题

1. 我国企业财务会计报告目标既要满足外部利害关系人的决策需要，又要满足解除受托责任的需要。（ ）

2. 货币计量假设中隐含了币值稳定假设。（ ）

3. 处置固定资产的收益会导致经济利益流入，因此它属于准则所定义的“收入”范畴。（ ）

4. 对于某一会计主体而言，费用可以表现为资产的减少或负债、所有者权益的增加，或者两者兼而有之。（ ）

5. 企业在对会计要素进行初始计量时，一般应当采用历史成本，如能保证所确定的会计要素的金额能够取得并可靠计量，也可采用其他计量属性。（ ）

6. 会计信息的最高质量要求是决策有用性，决策有用性是及时性和可靠性的函数。（ ）

7. 可理解性是对会计信息本身的质量要求，与决策者及其特点无关。（ ）

8. 判断某一事项是否具有重要性时，应该从质和量两个方面来分析，这在很大程度上取决于会计人员的职业判断。（ ）

9. 企业在会计核算过程中，既要注重经济交易和事项的经济实质，也应考虑到其法律形式，当两者不一致时，应以法律形式为依据进行确认、计量和报告。（ ）

10. 及时性是会计信息具有相关性的一个基本条件，它可能同会计信息的可靠性发生冲突。（ ）

第二章

货币资金

一、单项选择题

1. 下列各项中，不属于货币资金的是（　　）。

A. 备用金　　B. 库存现金

C. 银行存款　　D. 其他货币资金

2. 下列情形中，不违背“确保办理货币资金业务的不相容岗位相互分离、制约和监督”原则的是（　　）。

A. 由出纳人员兼任会计档案保管工作

B. 由出纳人员保管签发支票所需全部印章

C. 由出纳人员兼任收入总账和明细账的登记工作

D. 由出纳人员兼任固定资产总账和明细账的登记工作

3. 将现金存入银行，该笔经济业务应编制的记账凭证为（　　）。

A. 现金收款凭证　　B. 现金付款凭证

C. 银行存款收款凭证　　D. 银行存款付款凭证

4. 一般情况下，所说的现金是指企业的（　　）。

A. 库存现金

B. 库存现金和银行存款

C. 库存现金、银行存款与有价证券

D. 库存现金、银行存款、有价证券与其他货币资金

5. 企业一般不得从现金收入中直接支付现金，因特殊情况需要坐支现金的，应当事先报经审查批准的机构是（　　）。

A. 上级部门　　B. 税务部门

C. 开户银行　　D. 工商行政管理部门

6. 企业在进行现金清查时，查出现金溢余，并将溢余数记入“待处理财产损溢”科目，后经进一步核查，无法查明原因，经批准后，将其从“待处理财产损溢”科目转入（　　）科目。

A. 管理费用　　B. 营业外收入

C. 其他应付款　　D. 其他应收款

7. 企业在现金清查中，经检查仍无法查明原因的现金短缺，经批准后应记入（　　）科目。

A. 财务费用　　B. 管理费用

C. 销售费用　　D. 营业外支出

8. 对于银行已经入账而企业尚未入账的未达账项，企业正确的处理方法是（　　）。
A. 待有关结算凭证到达后入账
B. 根据“银行对账单”记录的金额编制记账凭证
C. 根据编制的“银行存款余额调节表”编制记账凭证入账
D. 根据“银行存款余额调节表”和“银行对账单”编制记账凭证入账

9. 下列各项中，不通过“其他货币资金”科目核算的是（　　）。
A. 商业汇票　　B. 信用证存款
C. 信用卡存款　　D. 银行本票存款

10. 企业将款项汇往异地银行开立采购专户，应编制的会计分录是（　　）。
A. 借记“应收账款”科目，贷记“银行存款”科目
B. 借记“其他应收款”科目，贷记“银行存款”科目
C. 借记“材料采购”科目，贷记“其他货币资金”科目
D. 借记“其他货币资金”科目，贷记“银行存款”科目

11. 企业对已存入证券公司但尚未进行证券投资的现金进行会计处理时，应借记的会计科目是（　　）。
A. 银行存款　　B. 其他应收款
C. 其他货币资金　　D. 交易性金融资产

二、多项选择题

1. 一般来说，货币资金的管理和控制应当遵循的原则是（　　）。
A. 严格职责分工　　B. 实行交易分开
C. 实施内部稽核　　D. 实施定期轮岗制度

2. 出纳人员不能兼任的工作有（　　）。
A. 稽核　　B. 会计档案保管
C. 收入账目的登记工作　　D. 债权账目的登记工作

3. 关于货币资金内部控制，下列说法中正确的有（　　）。
A. 财务专用章不需专人保管
B. 严禁一人保管支付款项所需的全部印章
C. 单位不得由一人办理货币资金业务的全部流程
D. 单位应当对货币资金业务建立严格的授权批准制度

4. 根据《现金管理暂行条例》规定，下列允许企业支付现金的有（　　）。
A. 支付职工工资 200 000 元　　B. 用现金 5 000 元购入原材料
C. 用现金 2 300 元收购农副产品　　D. 出差人员随身携带的差旅费 2 000 元

5. 企业货币资金按存放的地点和用途不同，会计核算时使用的会计科目有（　　）。
A. 库存现金　　B. 银行存款
C. 外埠存款　　D. 其他货币资金

6. 企业“银行存款”账户核算的内容有（　　）。
A. 外埠存款　　B. 外币存款

C. 人民币存款　　　　　　　　　　D. 银行汇票存款

7. 下列各项中，属于其他货币资金核算范畴的有（　　）。

A. 信用证存款　　　　　　　　　　B. 信用卡存款

C. 存出投资款　　　　　　　　　　D. 银行本票存款

8. 下列各项中，属于未达账项的有（　　）。

A. 企业将收到的转账支票送存银行，并登记银行存款增加，但银行尚未记账

B. 银行代企业支付水费，并登记银行存款减少，但企业尚未收到银行付款通知，尚未记账

C. 企业开出转账支票，并登记银行存款减少，但收款单位尚未持票到银行办理转账，银行尚未记账

D. 银行代企业支付电话费 6 800 元，但企业在收到银行付款通知后，将银行存款减少额登记为 680 元

9. 下列各项中使得企业银行存款日记账余额小于银行对账单余额的有（　　）。

A. 银行代扣水电费

B. 企业开出支票，银行尚未收到

C. 银行误将其他公司的存款计入本企业银行存款账户

D. 银行收到委托收款结算方式下结算款项，企业尚未收到通知

10. 下列项目中，通过“其他货币资金”科目核算的有（　　）。

A. 取得由本企业开户银行签发的银行本票

B. 取得由本企业开户银行签发的银行汇票

C. 取得由购货单位签发并承兑的商业汇票

D. 本企业签发并由开户银行承兑的商业汇票

三、判断题

1. 货币资金内部控制的根本目的是保证货币资金的安全，防止其被贪污、侵占和挪用。（　　）

2. 如果企业经营规模较小，可由出纳一人办理货币资金结算的全过程，以提高工作效率。（　　）

3. 为了减员增效，企业的出纳人员除登记现金和银行存款日记账外，还可以进行债权债务账目的登记工作。（　　）

4. “库存现金”账户包括企业内部各部门周转使用、由使用部门保管的定额备用金。（　　）

5. 我国会计上所说的现金仅指企业库存的人民币现金，不包括外币现金。（　　）

6. 企业将当日收到的销货款可以直接用于购买办公用品。（　　）

7. 库存现金的溢余或短缺，在批准前应通过“待处理财产损溢”科目核算。（　　）

8. 不管在任何情况下，企业一律不准坐支现金。（　　）

9. 每日终了，企业必须将现金日记账的余额与现金总账的余额及现金的实际库存数进行核对，做到账账、账实相符。（　　）

10. 银行存款余额调节表不仅是为了核对账目，而且应作为调整银行存款账户余额的原

始凭证。 ( )

11. 银行存款余额调节表调整后的金额是企业实际可以动用的银行存款实有数。( )

12. 未达账项，是指银行与企业之间，由于结算凭证传递上的时间差，导致一方已入账而另一方未入账的款项。 ( )

四、计算及账务处理题

1. 甲公司增值税采用一般计税方法，2022 年 8 月 1 日库存现金余额为 1 000 元，银行存款余额为 260 000 元。8 月份发生如下经济业务：

(1) 8 月 2 日开出现金支票向银行提取现金 2 000 元备用。

(2) 8 月 4 日行政人员王明报销差旅费 1 500 元，经批准予以报销，以现金 500 元补足差额（原借款 1 000 元）。

(3) 8 月 6 日收到乙公司交来归还货款的转账支票 8 000 元，出纳已将该支票送存银行。

(4) 8 月 8 日购入材料一批，取得的增值税专用发票上注明的价款为 30 000 元，增值税税额为 3 900 元，采用转账支票支付货款，材料已验收入库（采用实际成本法核算）。

(5) 8 月 10 日开出现金支票从银行提取现金 180 000 元备发工资。

(6) 8 月 12 日以现金支付职工工资 180 000 元。

(7) 8 月 14 日销售产品一批，开出的增值税专用发票上注明的售价为 40 000 元，增值税税额为 5 200 元。价款已经收到并存入银行。

(8) 8 月 26 日收到转账支票一张 6 000 元，系保险公司支付的赔款。

(9) 8 月 28 日企业用现金支付租入设备保证金 800 元。

要求：

(1) 编制甲公司 2022 年 8 月 2 日到银行取现时的会计分录。

(2) 编制甲公司 2022 年 8 月 4 日王明报销差旅费时的会计分录。

(3) 编制甲公司 2022 年 8 月 6 日收到归还的货款时的会计分录。

(4) 编制甲公司 2022 年 8 月 8 日购入材料时的会计分录。

(5) 编制甲公司 2022 年 8 月 10 日提取现金备发工资时的会计分录。

(6) 编制甲公司 2022 年 8 月 12 日以现金支付职工工资时的会计分录。

(7) 编制甲公司 2022 年 8 月 14 日销售产品时的会计分录。

(8) 编制甲公司 2022 年 8 月 26 日收到保险公司赔款时的会计分录。

(9) 编制甲公司 2022 年 8 月 28 日支付租入设备保证金时的会计分录。

2. 甲公司 2022 年 6 月发生的有关现金清查业务资料如下：

(1) 在 6 月 20 日的现金清查中发现现金盘盈 150 元。

(2) 6 月 22 日经核查，6 月 20 日盘盈现金中 100 元系少付张浩的补助款，其余现金原因不明，批准列入营业外收入。

(3) 在 6 月 25 日的现金清查中发现现金短缺 605 元，原因不明。

(4) 6 月 27 日经核查，6 月 25 日的现金短缺中 600 元属出纳员私自借款，已经收回；其余 5 元无法查明原因，批准转账。

要求：

（1）编制甲公司 2022 年 6 月 20 日发现现金盘盈时的会计分录。

（2）编制甲公司 2022 年 6 月 22 日处理现金盘盈核查结果时的会计分录。

（3）编制甲公司 2022 年 6 月 25 日发现现金短缺时的会计分录。

（4）编制甲公司 2022 年 6 月 27 日处理现金短缺核查结果时的会计分录。

3. 甲公司 2022 年 6 月 30 日银行存款日记账余额为 432 万元，银行对账单余额为 664 万元。经逐笔核对，发现以下差异事项：

（1）甲公司将 6 月 28 日收到的乙公司赔款 480 万元登记入账，但银行尚未记账。

（2）丙公司尚未将 6 月 29 日收到甲公司开出的金额为 360 万元的支票送存银行。

（3）甲公司委托银行代收丁公司购货款 384 万元，银行已于 6 月 28 日收妥并登记入账，但甲公司尚未收到收款通知。

（4）6 月份甲公司发生借款利息 32 万元，银行已减少其存款，但甲公司尚未收到银行的付款通知。

要求（答案中的金额单位用万元表示）：

根据上述资料，编制甲公司银行存款余额调节表。

4. 甲公司增值税采用一般计税方法，2022 年 8 月发生下列有关经济业务：

（1）8 月 5 日甲公司向其开户银行申请办理银行汇票 80 000 元，已办妥相关手续，采购员李清持票到外地采购。

（2）8 月 8 日甲公司购入材料一批，取得的增值税专用发票上注明的价款为20 000元，增值税税额为 2 600 元，材料已验收入库，款项以企业外埠存款支付（采用实际成本法核算）。

（3）8 月 12 日甲公司用信用卡支付办公用品费 3 000 元。

（4）8 月 15 日采购员李清交来购入材料取得的增值税专用发票，价款为60 000元，增值税税额为 7 800 元，材料尚未验收入库，款项以银行汇票结算，余款转回企业基本存款账户（采用实际成本法核算）。

（5）8 月 25 日甲公司向证券公司指定银行存入 5 000 000 元，开立投资账户，用于投资购买股票和债券。

要求：

（1）编制甲公司 2022 年 8 月 5 日申请办理银行汇票时的会计分录。

（2）编制甲公司 2022 年 8 月 8 日以外埠存款购入材料时的会计分录。

（3）编制甲公司 2022 年 8 月 12 日用信用卡支付办公用品费时的会计分录。

（4）编制甲公司 2022 年 8 月 15 日以银行汇票采购材料时的会计分录。

（5）编制甲公司 2022 年 8 月 25 日向证券公司指定银行存入款项开立投资账户时的会计分录。

第三章

应收款项

一、单项选择题

1. 甲公司将销售商品收到的商业承兑汇票向商业银行贴现时（商业银行具有追索权），应贷记的科目为（　　）。

A. 短期借款　　B. 应收票据

C. 应付票据　　D. 应付账款

2. 2022年7月18日，甲公司将收到的出票日为5月20日，期限为180天，面值为100 000元的同城商业承兑汇票到银行申请贴现。该票据的贴现天数为（　　）天。

A. 119　　B. 120

C. 121　　D. 122

3. 企业持有的商业承兑汇票在到期时，承兑人无力偿还票款的，应将其转入的科目为（　　）。

A. 应收账款　　B. 应付账款

C. 合同负债　　D. 其他应收款

4. 企业持有的一张2022年5月26日签发的30天的票据，其到期日为（　　）。

A. 6月24日　　B. 6月25日

C. 6月26日　　D. 6月27日

5. 甲公司持有一张面值为28 000元，期限为60天的银行承兑汇票，向开户银行申请贴现，贴现期为50天，贴现率为7.2%，贴现利息为（　　）元。

A. 56　　B. 280

C. 300　　D. 336

6. 企业在购买材料时，若采用银行承兑汇票结算货款，则支付的银行承兑手续费，应计入（　　）。

A. 财务费用　　B. 应付票据

C. 管理费用　　D. 材料采购成本

7. 甲公司增值税采用一般计税方法，采用托收承付方式向乙公司销售商品一批，按标明售价计算的销售额为100 000元，增值税税率为13%，因是批量销售，甲公司给予乙公司10%的价格折扣（包括增值税税额）。甲公司代垫运杂费1 000元。甲公司应向乙公司收取的金额是（　　）元。

A. 102 600　　B. 102 700

C. 104 000　　D. 114 000

8. 预付货款不多的企业，可以不单独设置“预付账款”账户，将预付的货款直接借记（　　）账户。

A. 应收账款　　B. 应收票据

C. 应付账款　　D. 其他应收款

9. 下列应收、暂付款项中，不通过“其他应收款”科目核算的是（　　）。

A. 应收保险公司的赔款　　B. 应收出租包装物的租金

C. 应向职工收取的各种垫付款项　　D. 应向购货方收取的代垫运杂费

10. 企业采购人员预借差旅费，以现金支付时，应借记的科目是（　　）。

A. 库存现金　　B. 管理费用

C. 其他应收款　　D. 其他应付款

11. 如果企业在资产负债表日计算的应收账款预期信用损失大于该应收账款当期减值准备的账面金额，企业在将其差额确认为减值损失时，应借记的科目是(　　)。

A. 管理费用　　B. 财务费用

C. 坏账准备　　D. 信用减值损失

12. 2022 年 1 月 1 日，甲公司对乙公司应收账款计提的坏账准备余额为 80 000 元。2022 年甲公司对乙公司的应收账款实际发生坏账 30 000 元。2022 年年末甲公司应收乙公司的账款余额为 1 200 000 元，甲公司预期该应收账款将发生 120 000 元的信用损失。2022 年甲公司应计提的坏账准备为（　　）元。

A. 70 000　　B. 80 000

C. 90 000　　D. 120 000

二、多项选择题

1. 根据我国企业会计准则的规定，通过“应收票据”科目核算的票据有（　　）。

A. 银行汇票　　B. 银行本票

C. 商业承兑汇票　　D. 银行承兑汇票

2. 下列各项中，可以记入“应收账款”账户的有（　　）。

A. 商业折扣　　B. 销售商品价款

C. 销售商品的增值税税款　　D. 代购货单位垫付的运杂费

3. 企业的预付账款核算时可以应用的会计科目有（　　）。

A. 预付账款　　B. 应付账款

C. 应收账款　　D. 其他应收款

4. 企业提取坏账准备应当遵循的原则有（　　）。

A. 配比　　B. 真实性

C. 稳健性　　D. 权责发生制

5. 下列各项中，应在“坏账准备”账户借方反映的有（　　）。

A. 收回应收账款

B. 计提坏账准备

C. 转回多提的坏账准备

D. 已计提坏账准备的应收账款的核销

三、判断题

1. 不带息商业汇票贴现，企业从银行获得的贴现款一定小于应收票据的面值。（ ）
2. 企业收到的商业承兑汇票，应按票据的面值入账。（ ）
3. 商业汇票贴现实际上是企业融通资金的一种形式。（ ）
4. 应收账款是企业因销售商品等经营活动所形成的债务。（ ）
5. 商业折扣是债权人为鼓励债务人在规定期限内付款而向其提供的债务扣除。（ ）
6. 在存在商业折扣的情况下，应收账款应按发票价格减去商业折扣后的净额确认。（ ）
7. 预付账款属于企业的流动资产，资产负债表日应列示于资产负债表流动资产项下的预付款项，如果是贷方余额，则以负数表示。（ ）
8. 采用预期信用损失法核算坏账损失，需设置“坏账准备”账户。（ ）
9. 企业坏账准备提取的方法和提取的比例应由国家统一规定。（ ）
10. 资产负债表日，当企业计算的应收账款预期信用损失大于该应收账款当期减值准备的账面金额的，应按其差额冲减多提的坏账准备。（ ）

四、计算及账务处理题

1. 2022 年 12 月 31 日，甲公司应收乙公司所欠货款（通过“应收账款”科目核算）为 4 000 万元，且 2022 年 12 月 31 日前甲公司未对该应收账款计提坏账准备。2022 年 12 月 31 日，甲公司根据所掌握的资料，评估后认为应收乙公司货款所面临的信用风险自该应收账款初始确认以来已经显著增加，该应收账款剩余存续期的预期信用损失为 800 万元。2023 年 12 月 31 日，甲公司仍未收到乙公司所欠该笔货款，甲公司根据最新掌握的资料，评估后认为应收乙公司货款所面临的信用风险自 2022 年 12 月 31 日以来已经严重恶化，该应收账款剩余存续期的预期信用损失为 3 000 万元。2024 年 12 月 31 日，甲公司虽然仍未收到乙公司所欠该笔货款，但甲公司根据最新掌握的资料，评估后认为应收乙公司货款所面临的信用风险自 2023 年 12 月 31 日以来已经显著降低，该应收账款剩余存续期的预期信用损失为 1 600 万元。

要求：

（1）编制甲公司 2022 年 12 月 31 日对应收乙公司货款计提坏账准备时的会计分录。

（2）编制甲公司 2023 年 12 月 31 日对应收乙公司货款补提（或冲销）坏账准备时的会计分录。

（3）编制甲公司 2024 年 12 月 31 日对应收乙公司货款补提（或冲销）坏账准备时的会计分录。

2. 甲股份有限公司（以下简称“甲公司”）增值税采用一般计税方法，适用的增值税税率为 13%；商品销售均为正常的商品交易，销售价格均为公允价值，且不含增值税。甲公司 2022 年 6 月至 12 月有关业务资料如下：

（1）6 月 1 日，向乙公司赊销一批商品，开出的增值税专用发票上注明的销售价格为 1 000 万元，增值税税额为 130 万元，合同规定的收款日期为 2022 年 12 月 1 日。该商品销售符合收入确认条件。

（2）6 月 10 日，向丙公司赊销一批商品，开出的增值税专用发票上注明的销售价格为 200 万元，增值税税额为 26 万元，合同规定的收款日期为 2022 年 10 月 10 日，该商品销售符合收入确认条件。

（3）6 月 25 日，收到应收戊公司账款 400 万元，款项已存入银行。

（4）7 月 1 日，向丁公司赊销一批商品，开出的增值税专用发票上注明的销售价格为 500 万元，增值税税额为 65 万元；收到丁公司开具的不带息商业承兑汇票，到期日为 2022 年 11 月 30 日。该商品销售符合收入确认条件。

（5）9 月 1 日，将 7 月 1 日收到的丁公司商业承兑汇票款向中国工商银行贴现，贴现所得为 560 万元。协议约定，中国工商银行在票据到期日不能从丁公司收到票款时，可向甲公司追偿。

（6）11 月 30 日，丁公司因财务困难未向中国工商银行支付票款。当日，甲公司收到中国工商银行退回已贴现的商业承兑汇票，并以银行存款支付全部票款；同时将应收票据转为应收账款。

要求（涉及商品销售的，只编制确认相关销售收入及增值税的会计分录）：

（1）编制甲公司 2022 年 6 月 1 日向乙公司赊销商品的会计分录。

（2）编制甲公司 2022 年 6 月 10 日向丙公司赊销商品的会计分录。

（3）编制甲公司 2022 年 6 月 25 日收到戊公司偿还货款的会计分录。

（4）编制甲公司 2022 年 7 月 1 日向丁公司赊销商品的会计分录。

（5）编制甲公司 2022 年 9 月 1 日将商业汇票贴现的会计分录。

（6）编制甲公司 2022 年 11 月 30 日中国工商银行行使追索权时的会计分录。

第四章

存　　货

一、单项选择题

1. 下列各项资产中，不属于存货范围的是（　　）。
   A. 在产品
   B. 委托加工材料
   C. 货款已付，正在运输途中的外购材料
   D. 顾客交款并已开出提货单，而尚未提走的货物
2. 下列各项业务中，不会引起存货账面价值发生增减变动的是（　　）。
   A. 计提存货跌价准备
   B. 已发出商品但尚未确认销售
   C. 已确认销售但尚未发出商品
   D. 已收到发票账单并付款但尚未收到材料
3. 甲公司增值税采用一般计税方法，2022 年 10 月 9 日购入材料一批，取得的增值税专用发票上注明的价款为 21 200 元，增值税税额为 2 756 元，材料入库前的挑选整理费为 300 元，材料已验收入库。甲公司取得该材料的入账价值应为（　　）元。
   A. 21 200　　B. 21 500
   C. 23 956　　D. 24 256
4. 投资者投入的存货，其入账价值确定的基础为（　　）。
   A. 实际成本　　B. 重置成本
   C. 可变净现值　　D. 投资各方确认的价值
5. 存货采用先进先出法进行核算的企业，在物价持续上涨的情况下将会使企业（　　）。
   A. 期末库存升高，当期损益增加　　B. 期末库存降低，当期损益减少
   C. 期末库存升高，当期损益减少　　D. 期末库存降低，当期损益增加
6. 甲公司 2022 年 3 月 1 日存货结存数量为 200 件，单价为 4 元；2 日发出存货 150 件；3 月 5 日购进存货 200 件，单价 4.4 元；3 月 7 日发出存货 100 件。在对存货发出采用移动加权平均法的情况下，3 月 7 日结存存货的实际成本为（　　）元。
   A. 432　　B. 648
   C. 1 032　　D. 1 080
7. 甲公司原材料按实际成本进行日常核算。2022 年 3 月 1 日结存甲材料 300 千克，每

千克实际成本为 20 元；3 月 15 日购入甲材料 280 千克，每千克实际成本为 25 元；3 月 31 日发出甲材料 200 千克。如按先进先出法计算，甲公司 2022 年 3 月份发出甲材料的实际成本为（　　）元。

A. 400　　B. 500

C. 1 400　　D. 4 000

8. 甲公司增值税采用一般计税方法，其原材料采用计划成本核算，每千克计划单位成本为 12 元。甲公司期初在途材料 2 000 千克，每千克购进单价为 10 元；期初原材料结存 6 000 千克，期初“材料成本差异”科目借方余额为 1 400 元。本期发生下列经济业务：期初在途材料验收；本期购入原材料 10 000 千克，每千克购进单价 11.5 元，货款为 115 000 元，增值税税额 14 950 元，全部款项以银行存款支付；本期生产领用 15 000 千克。甲公司本期生产产品领用原材料的实际成本是（　　）元（保留整数）。

A. 7 600　　B. 173 667

C. 204 950　　D. 216 000

9. 公司委托其他单位加工一批消费品，收回加工商品后还要继续加工应税消费品，实际支付给外单位的消费税记入的会计科目是（　　）。

A. 委托加工物资

B. “应交税费——应交消费税”的借方

C. “应交税费——应交消费税”的贷方

D. 应交税费——应交增值税（进项税额）

10. 随商品出售但不单独计价的包装物，发出包装物时按其（　　）。

A. 计划成本计入管理费用　　B. 计划成本计入销售费用

C. 实际成本计入管理费用　　D. 实际成本计入销售费用

11. 企业盘亏和毁损的存货应作为营业外支出的项目是（　　）。

A. 定额内损耗　　B. 自然灾害损失

C. 计量收发差错　　D. 过失部门赔偿

12. 2022 年 10 月 5 日，北方公司与西方公司签订了一份销售合同，双方约定：2023 年 1 月 10 日，北方公司按每台 3 万元的价格向西方公司销售 A 商品 15 台。2022 年 12 月 31 日，北方公司 A 商品的单位成本为 2.4 万元，数量为 10 台。2022 年 12 月 31 日，A 商品的市场销售价格为 2.8 万元，若销售 A 商品时每台的销售费用为 0.5 万元。在上述情况下，2022 年年末北方公司结存的 10 台 A 商品的账面价值为（　　）万元。

A. 3　　B. 23

C. 24　　D. 25

13. 下列会计处理中，不正确的是（　　）。

A. 非正常原因造成的存货净损失计入营业外支出

B. 以存货抵偿债务结转的相关存货跌价准备冲减资产减值损失

C. 商品流通企业采购商品过程中发生的采购费用应计入采购存货的成本

D. 为特定客户设计产品发生的可直接确定的设计费用计入相关产品的成本

14. 甲公司增值税采用一般计税方法，2022 年 12 月 31 日原材料的账面余额为 100 万元，数量为 10 吨。该原材料专门用于生产与乙公司所签合同约定的 20 台 Y 产品。该合同约定：甲公司为乙公司提供 Y 产品 20 台，每台售价 10 万元（不含增值税，下同）。将该原材料加工成 20 台 Y 产品尚需加工成本总额为 95 万元，估计销售每台 Y 产品尚需发生相关税费 1 万元（不含增值税，下同）。2022 年 12 月 31 日市场上该原材料每吨售价为 9 万元，估计销售每吨原材料尚需发生相关税费 0.1 万元。2022 年 12 月 31 日前，原材料未计提存货跌价准备。

要求：根据上述资料，不考虑其他因素，回答下列第（1）题至第（2）题。

（1）2022 年 12 月 31 日该原材料应计提的存货跌价准备为（　　）万元。

A. 0　　B. 11

C. 15　　D. 85

（2）2022 年 12 月 31 日该原材料的账面价值为（　　）万元。

A. 85　　B. 89

C. 100　　D. 105

15. 北方公司增值税采用一般计税方法，适用的增值税税率为 13%。北方公司期末存货采用成本与可变现净值孰低法计价。2022 年 9 月 26 日，北方公司与南方公司签订销售合同：由北方公司于 2023 年 3 月 6 日向南方公司销售电子设备 10 000 台，每台售价为 1.52 万元。2022 年 12 月 31 日北方公司库存电子设备 13 000 台，单位成本 1.4 万元。2022 年 12 月 31 日市场销售价格为 1.4 万元，预计销售税费为每台 0.1 万元。2022 年 12 月 31 日前结存的电子设备未计提存货跌价准备。北方公司于 2023 年 3 月 6 日向南方公司销售电子设备 10 000 台，每台售价为 1.52 万元（未发生销售税费）。北方公司于 2023 年 4 月 6 日销售电子设备 100 台，市场销售价格为每台 1.2 万元（未发生销售税费）。货款均已收到。

要求：根据上述资料，不考虑其他因素，回答下列第（1）题至第（3）题。

（1）2022 年北方公司应计提的存货跌价准备为（　　）万元。

A. 0　　B. 100

C. 200　　D. 300

（2）2023 年 3 月份销售电子设备影响当期利润总额的金额为（　　）万元。

A. 700　　B. 1 030

C. 1 200　　D. 15 000

（3）2023 年 4 月份销售电子设备影响当期主营业务成本的金额为（　　）万元。

A. 20　　B. 120

C. 130　　D. 140

二、多项选择题

1. 下列项目中，应当在企业资产负债表的存货项目进行列报的有（　　）。

A. 委托代销商品　　B. 委托加工材料

C. 受托代销商品　　D. 已签订购货合同的商品

2. 下列项目可以作为外购存货采购成本的有（　　）。

A. 运输途中的合理损耗　　B. 入库前的挑选整理费用

C. 自然灾害损失的金额　　D. 从外单位收回短缺物资款项

3. 下列各项税金中，应计入增值税采用一般计税方法纳税人存货成本的有（　　）。

A. 进口原材料交纳的进口关税

B. 购进材料过程中发生的定额内的合理损耗

C. 由受托方代扣代缴的委托加工直接用于对外销售的商品负担的消费税

D. 由受托方代扣代缴的委托加工继续用于生产应纳消费税的商品负担的消费税

4. 下列有关存货的会计处理方法中，正确的有（　　）。

A. 存货实际成本的买价是指购货价格扣除现金折扣以后的金额

B. 对于盘亏的存货，属于自然灾害或者非正常原因造成的存货损毁，应将其净损失计入管理费用

C. 为执行销售合同而持有的存货，应当以产成品或者商品的合同价格作为其可变现净值的计算基础

D. 通过提供劳务取得的存货，其成本按从事劳务提供人员的直接人工和其他直接费用以及可归属于该存货的间接费用确定

5. 下列各项属于“材料成本差异”账户的贷方登记的内容有（　　）。

A. 实际成本大于计划成本的超支额

B. 实际成本小于计划成本的节约额

C. 分配计入发出各种材料成本的差异额

D. 调整库存材料计划成本时增加的计划成本

6. 下列关于存货会计处理的表述中，正确的有（　　）。

A. 存货采购过程中发生的合理损耗计入存货采购成本

B. 存货跌价准备通常应当按照单个存货项目计提，也可分类计提

C. 债务人因债务重组转出存货时不结转已计提的相关存货跌价准备

D. 发出原材料采用计划成本核算的应于资产负债表日调整为实际成本

7. 我国企业会计准则规定，可使用的存货发出的计价方法有（　　）。

A. 先进先出法　　B. 后进先出法

C. 加权平均法　　D. 移动加权平均法

8. 企业作为周转材料的包装物和低值易耗品摊销的方法有（　　）。

A. 一次转销法　　B. 分期转销法

C. 加速摊销法　　D. 五五摊销法

9. 委托加工材料的实际成本包括（　　）。

A. 支付的加工费

B. 加工中耗用材料的实际成本

C. 支付的消费税（委托加工后直接用于销售）

D. 支付的消费税（委托加工后继续用于生产应税消费品）

10. 盘亏存货的处理结果可能计入（　　）。

A. “生产成本”账户的借方　　B. “管理费用”账户的借方

C. “其他应收款”账户的借方　　D. “营业外支出”账户的借方

11. 下列情形中，表明存货发生减值的有（　　）。

A. 材料价格的下降表明产成品的可变现净值低于成本

B. 原材料市价持续下跌，并且在可预见的未来无回升的希望

C. 因企业所提供的商品或劳务过时，导致其市场价格逐渐下跌

D. 企业因产品换代，库存原材料已不适应新产品需要，而该原材料市场价格又低于其账面成本

12. 下列关于“成本与可变现净值孰低法”的表述中，正确的有（ ）。

A. 其“成本”是指存货的历史成本

B. 其“可变现净值”是指存货的现行售价

C. 当成本低于可变现净值时，存货按成本计价

D. 当可变现净值低于成本时，存货按可变现净值计价

13. 甲公司增值税采用一般计税方法，适用的增值税税率为13%。甲公司2022年度发生的部分交易或事项如下：

（1）10月8日，购入A原材料一批，支付价款226万元（含增值税），另支付运杂费、保险费10万元。A原材料专门用于为乙公司制造B产品，无法以其他原材料替代。

（2）12月10日，接受丙公司的来料加工业务，来料加工原材料的公允价值为100万元。至12月31日，来料加工业务尚未完成，共计领用来料加工原材料的60%，实际发生加工成本60万元。假定甲公司在完成来料加工业务时确认加工收入并结转加工成本。

（3）12月15日，采用托收承付方式向丁公司销售C产品一批，销售价格（不含增值税，下同）为300万元，成本为200万元。同日，甲公司开具增值税专用发票。

要求：根据上述资料，不考虑其他因素，回答下列第（1）题至第（2）题。

（1）下列各项中，作为甲公司2022年12月31日资产负债表存货项目列示的是（ ）。

A. 尚未领用的A原材料

B. 尚未领用的来料加工原材料

C. 来料加工业务发生的加工成本

D. B产品中包含的A原材料成本

（2）下列各项关于甲公司存货确认和计量的表述中，正确的有（ ）。

A. 销售C产品应确认销售毛利100万元

B. A原材料取得时的入账价值为210万元

C. 来料加工业务实际发生的加工费应计入利润表营业成本中

D. 若B产品发生减值，计算A材料可变现净值的估计售价以B产品售价为基础确定

14. 长江公司2022年年末库存A材料、B产品的账面余额分别为2 000万元和1 000万元；年末计提存货跌价准备前B产品计提的跌价准备的账面余额为200万元。库存A材料将全部用于生产C产品，预计C产品的市场价格总额为2 200万元，预计生产C产品还需发生加工成本600万元，预计为销售C产品发生的相关税费总额为50万元。C产品销售中有固定销售合同的占60%，合同价格总额为1 530万元。B产品的市场价格总额为700万元，预计销售B产品发生的相关税费总额为20万元。

要求：根据上述资料，不考虑其他因素，回答下列第（1）题至第（2）题。

（1）下列有关确定存货可变现净值基础的表述中，正确的有（ ）。

A. 无销售合同的库存商品以该库存商品的估计售价为基础

B. 有销售合同的库存商品以该库存商品的合同价格为售价

C. 用于出售的无销售合同的材料以该材料的市场价格为基础

D. 用于生产有销售合同产品的材料以该材料的市场价格为基础

（2）下列关于长江公司2022年12月31日存货跌价准备的处理中，正确的有（　　）。

A. B产品2022年应计提的存货跌价准备为120万元

B. 无合同部分A材料应计提存货跌价准备为180万元

C. 有合同部分A材料应计提存货跌价准备为60万元

D. 长江公司2022年12月31日上述存货存货跌价准备的余额为360万元

三、判断题

1. 凡在盘存日期，法定所有权属于企业的一切物品，不论其存放何处或处于何种状态，都应作为企业的存货。（　　）

2. 存货的购货价格是指扣除商业折扣和现金折扣以后的金额。（　　）

3. 低值易耗品采用五五摊销法进行摊销，应在领用低值易耗品时摊销其价值的一半，在年末摊销其价值的另外一半。（　　）

4. 在通货膨胀情况下，后进先出法符合谨慎性原则的要求。（　　）

5. 在实地盘存制下，存货短缺损失隐含在发出存货的成本中。（　　）

6. 无论企业对存货采用实际成本法核算，还是采用计划成本法核算，在编制资产负债表时，资产负债表上的存货项目反映的都是存货的实际成本。（　　）

7. 企业进行存货清查所发生的盘亏的存货，应将其实际成本记入“待处理财产损溢”账户，在期末结账前查明原因，并在期末结账前处理完毕。（　　）

8. 属于非常损失造成的存货毁损，应按该存货的实际成本计入营业外支出。（　　）

9. 销售产品结转的存货跌价准备应冲减资产减值损失。（　　）

10. 存货的成本与可变现净值孰低法，只是起着调节不同会计期间利润的作用，从存货的整个周转过程来看，并不影响整个周转期的利润总额。（　　）

11. 存货已经提取跌价准备后，其可变现净值回升时应转回已经提取的跌价准备金额。（　　）

12. 在企业正常生产经营过程中，企业持有待售的产成品应当以其估计售价减去估计的销售费用和相关税费后的金额确定其可变现净值。（　　）

13. 企业销售合同的标的物尚未生产出来，但有专门用于该标的生产的原材料，其可变现净值应当以市场价格作为计算基础。（　　）

14. “存货跌价准备”科目在任何情况下都不会出现借方余额。（　　）

四、计算及账务处理题

1. 甲公司2022年12月发生材料收发业务如下：1日，月初结存200件，单价10.00元；5日，购入500件，单价9.80元；6日，领用100件；8日，领用300件；10日，购入200件，单价10.20元；12日，领用200件；18日，领用100件；28日，购入300件，单价10.25元。

要求：

（1）用先进先出法计算发出材料成本。

（2）用月末一次加权平均法计算发出材料成本。

（3）用移动加权平均法计算发出材料成本。

2. 甲公司增值税采用一般计税方法，2022 年 6 月份发生以下采购业务：

（1）6 月 5 日收到上月已验收入库，但未收到发票账单的 A 材料的发票账单，上月的暂估价为 10 000 元，发票账单上的实际成本为 10 500 元，增值税税额为1 365 元，甲公司开出一张金额为 11 865 元的商业汇票。

（2）6 月 10 日甲公司从外地购入 B 材料 500 吨，取得增值税专用发票上注明 B 材料的售价为每吨 1 000 元，增值税税额为 65 000 元。甲公司已付款，材料尚未到达。

（3）6 月 15 日甲公司购进一批 C 材料，取得增值税专用发票，注明原材料价款为 50 000 元，增值税税额为 6 500 元。款项已付，材料已验收入库。

（4）6 月 20 日甲公司收到 6 月 10 日购入的 B 材料，运输途中发生合理损耗 5 吨，验收入库 495 吨。

（5）6 月 30 日甲公司从本地购入 D 材料已经到达并验收入库，但尚未收到发票账单。按以往的采购成本，暂估该材料的成本为 50 000 元。

要求：

（1）编制甲公司 2022 年 6 月 1 日红字冲销上月 A 材料暂估价时的会计分录。

（2）编制甲公司 2022 年 6 月 5 日收到 A 材料发票账单时的会计分录。

（3）编制甲公司 2022 年 6 月 10 日收到采购 B 材料发票账单时的会计分录。

（4）编制甲公司 2022 年 6 月 15 日采购 C 材料时的会计分录。

（5）编制甲公司 2022 年 6 月 20 日 B 材料验收入库时的会计分录。

（6）编制甲公司 2022 年 6 月 30 日收到 D 材料时的会计分录。

3. 甲公司和乙公司增值税均采用一般计税方法，适用的增值税税率均为 13%。2022 年 10 月 10 日，甲公司委托乙公司加工物资一批（属于应税消费品），发出材料的计划成本为 600 万元，材料成本差异率为 –3%。2022 年 11 月 25 日甲公司向乙公司支付加工费 12 万元及相关增值税和消费税，消费税税率为 10%。2022 年 11 月 25 日，甲公司收回的物资作为原材料核算，其中的 80% 用于连续生产应税消费品。

要求：

（1）编制甲公司 2022 年 10 月 10 日发出委托加工材料时的会计分录。

（2）编制甲公司 2022 年 10 月 31 日发出委托加工材料应承担的材料成本差异的会计分录。

（3）编制甲公司 2022 年 11 月 25 日支付加工费和相关税金时的会计分录。

（4）编制甲公司 2022 年 11 月 25 日收回委托加工物资时的会计分录。

4. 甲公司增值税采用一般计税方法，适用的增值税税率为 13%。2022 年 12 月 1 日库存 A 材料 1 000 件，每件计划成本为 100 元，材料成本差异率为 –2%，12 月发生的该材料采购和发出业务资料如下：

（1）12 月 5 日以商业承兑汇票方式购入 A 材料 2 000 件，每件买价为 101 元，增值税专用发票注明的增值税税额为 26 260 元，材料已经验收入库。

（2）12 月 20 日以转账支票方式购进 A 材料 1 000 件，每件买价为 99 元，增值税专用发票注明的增值税税额为 12 870 元，材料已经验收入库。

（3）12月发出材料汇总表列明，产品生产领用A材料1 500件，生产部门一般性消耗A材料500件，企业在建项目领用A材料1 200件（增值税不能抵扣）。

要求：

（1）编制甲公司2022年12月5日购买材料时的会计分录。

（2）编制甲公司2022年12月20日购买材料时的会计分录。

（3）编制甲公司2022年12月发出材料时的会计分录。

（4）计算甲公司2022年12月发出材料应承担的材料成本差异。

（5）编制甲公司2022年12月31日结转发出材料的材料成本差异时的会计分录。

（6）编制甲公司2022年12月31日转出在建项目领用材料的增值税进项税额的会计分录。

5. 甲公司增值税采用一般计税方法，其原材料采用计划成本法核算。2022年11月30日甲公司“原材料”账户账面余额为88 000元，“材料成本差异”账户的贷方余额为4 500元。12月发生如下经济业务：

（1）12月2日购入原材料一批，增值税专用发票注明原材料价款为150 000元，增值税税额为19 500元；款项均已通过银行存款支付。

（2）上述材料的计划成本为160 000元，12月5日材料已验收入库。

（3）12月9日，进口一批材料，用于生产非消费税征税范围的产品，实际支付的关税完税价格为100 000元，关税税额为11 500元，消费税税额为8 500元，增值税税额为15 600元，已用银行存款支付。

（4）上述进口材料的计划成本为110 000元，12月12日材料已验收入库。

（5）12月15日，接受投资者投入的原材料一批，双方商定以该批材料的公允价值500 000元作为投资价值，增值税税额为65 000元，计划成本为450 000元。

（6）本月领用材料计划成本750 000元，其中：生产领用700 000元，制造车间领用30 000元，管理部门领用20 000元。

（7）12月31日，计算分摊成本差异。

要求：

（1）编制甲公司2022年12月2日购入原材料时的会计分录。

（2）编制甲公司2022年12月5日原材料验收入库时的会计分录。

（3）编制甲公司2022年12月9日进口材料时的会计分录。

（4）编制甲公司2022年12月12日进口材料入库时的会计分录。

（5）编制甲公司2022年12月15日接受材料投资时的会计分录。

（6）编制甲公司2022年12月发出材料的会计分录。

（7）计算甲公司2022年12月31日发出材料应承担的材料成本差异。

（8）编制甲公司2022年12月31日结转材料成本差异时的会计分录。

6. 甲公司增值税采用一般计税方法，2022年12月发生的业务资料如下：

（1）12月7日购进A材料一批，增值税专用发票列明数量共计5 000公斤，单价20元，商业折扣为2%，增值税税率为13%，以一张120 000元的银行汇票支付货款，剩余款项已退回。12日到货，验收入库时发现短缺100公斤，原因尚未查清。14日经查实上述短缺均属供货方少发，企业向供货方索赔。甲公司A材料的计划单价为19.50元。

（2）12 月 15 日以银行存款购进 B 材料 1 000 件，每件发票单价 100 元，增值税税额为 13 000 元；22 日收到货物验收入库时发现短缺 10 件，原因待查；26 日查明原因系意外事故所致，保险公司同意赔偿 80%，其余 20% 作为营业外支出处理，该种材料计划单价 95 元。

要求：

（1）编制甲公司 2022 年 12 月 7 日采购 A 材料时的会计分录。

（2）编制甲公司 2022 年 12 月 12 日 A 材料入库时的会计分录。

（3）编制甲公司 2022 年 12 月 14 日查明 A 材料短缺时的会计分录。

（4）编制甲公司 2022 年 12 月 15 日采购 B 材料时的会计分录。

（5）编制甲公司 2022 年 12 月 22 日 B 材料验收入库时的会计分录。

（6）编制甲公司 2022 年 12 月 26 日查明 B 材料短缺时的会计分录。

7. 甲公司 2022 年 12 月 31 日存货的账面价值为 1 390 万元，其具体资料如下：

（1）A 产品 100 件，每件成本 10 万元，账面总成本 1 000 万元，其中，40 件已与乙公司签订不可撤销的销售合同，销售价格为每件 11 万元，其余未签订销售合同。A 产品 2022 年 12 月 31 日的市场价格为每件 10.2 万元，预计销售 A 产品每件需要发生的销售费用及相关税金为 0.5 万元。

（2）B 配件 50 套，每套成本为 8 万元，账面总成本 400 万元。B 配件是专门为组装 A 产品而购进的。50 套 B 配件可以组装成 50 件 A 产品。B 配件 2022 年 12 月 31 日的市场价格为每套 9 万元。将 B 配件组装成 A 产品，预计每件还需发生加工成本 2 万元。

2022 年 1 月 1 日，存货跌价准备余额为 30 万元（均为对 A 产品计提的存货跌价准备），2022 年对外销售 A 产品转销存货跌价准备 20 万元。

要求：

（1）计算甲公司 2022 年 12 月 31 日 A 产品应计提的跌价准备。

（2）编制甲公司 2022 年 12 月 31 日 A 产品计提存货跌价准备时的会计分录。

（3）计算甲公司 2022 年 12 月 31 日 B 配件应计提的跌价准备。

（4）编制甲公司 2022 年 12 月 31 日 B 配件计提存货跌价准备时的会计分录。

第五章

对外投资

一、单项选择题

1. 2022 年 1 月 1 日，甲公司自证券市场购入面值总额为 1 000 万元的债券，该债券发行日为 2021 年 1 月 1 日，系分期付息、到期还本债券，期限为 5 年，票面年利率为 5%，每年 12 月 31 日支付当年利息。甲公司购入该债券时，上一年的利息尚未兑付，甲公司实际支付价款 1 078.98 万元，另外支付交易费用 10 万元。经测算，甲公司该项债券投资的实际利率为 3.93%，甲公司将该债券作为以摊余成本计量的金融资产核算。该以摊余成本计量的金融资产 2023 年 12 月 31 日的账面价值为（　　）万元。

A. 1 020.28　　B. 1 062.14

C. 1 068.98　　D. 1 083.43

2. 2022 年 1 月 1 日，甲股份有限公司以 1 064 942 元的价款购入当日发行的面值为 1 000 000 元的债券，分类为以摊余成本计量的金融资产。该债券票面利率为 6.5%，实际利率为 5%，期限为 5 年，每年年末付息一次，到期一次还本。甲股份有限公司 2022 年对该债券投资应确认的投资收益为（　　）元（保留整数）。

A. 37 012　　B. 50 000

C. 53 247　　D. 65 000

3. 2022 年 1 月 1 日，甲公司以银行存款 52 000 万元购入乙公司发行的 3 年期公司债券作为以摊余成本计量的金融资产，该债券面值 50 000 万元，每半年付息一次，到期还本，该债券票面利率 6%，实际利率 4%。甲公司 2022 年 12 月 31 日“债权投资——利息调整”账户的余额为（　　）万元。

A. 982.8　　B. 1 070.8

C. 1 555.94　　D. 2 000

4. 2022 年 1 月 4 日，甲公司从证券市场上购入乙公司发行在外的股票 200 万股作为以公允价值计量且其变动计入其他综合收益的金融资产，每股支付价款 4 元（含已宣告但尚未发放的现金股利 1 元），另支付相关交易费用 10 万元，甲公司取得该股票投资的入账价值为（　　）万元。

A. 600　　B. 610

C. 800　　D. 810

5. 2022 年 11 月 5 日，大众公司从证券市场上购入申宜公司发行在外的股票 200 万股分类为以公允价值计量且其变动计入其他综合收益的金融资产，每股支付价款 5 元，另支付相关交易费用 20 万元。2022 年 12 月 31 日，这部分股票的公允价值为 1 080 万元，大众公司

2022 年 12 月 31 日应确认的公允价值变动损益为（　　）万元。

A. 损失 80　　B. 0

C. 收益 60　　D. 收益 80

6. 下列关于以公允价值计量且其变动计入当期损益的金融资产计量的表述中，正确的是（　　）。

A. 资产负债表日，应将其公允价值变动计入所有者权益

B. 应当按取得该金融资产的公允价值和相关交易费用之和作为初始确认金额

C. 应当按取得该金融资产的公允价值作为初始确认金额，相关交易费用在发生时计入当期损益

D. 处置该金融资产时，其公允价值与初始入账金额之间的差额应确认为投资收益，不调整公允价值变动损益

7. 2022 年 4 月 5 日，甲公司从证券市场上购入乙公司发行在外的股票 100 万股作为以公允价值计量且其变动计入当期损益的金融资产，每股支付价款 5 元（含已宣告但尚未发放的现金股利 1 元），另支付相关交易费用 8 万元，甲公司取得该股票投资的入账价值为（　　）万元。

A. 400　　B. 408

C. 500　　D. 508

8. 2022 年 11 月 5 日，甲公司从证券市场上购入乙公司发行在外的股票 100 万股作为以公允价值计量且其变动计入当期损益的金融资产，每股支付价款 5 元，另支付相关交易费用 20 万元，2022 年 12 月 31 日，这部分股票的公允价值为 550 万元，甲公司 2022 年 12 月 31 日应确认的公允价值变动损益为（　　）万元。

A. 损失 30　　B. 收益 30

C. 损失 50　　D. 收益 50

9. 下列金融资产中，不得计提减值损失的是（　　）。

A. 应收账款

B. 以摊余成本计量的金融资产

C. 权益性以公允价值计量且其变动计入其他综合收益的金融资产

D. 债权性以公允价值计量且其变动计入其他综合收益的金融资产

10. 2022 年 1 月 1 日，甲公司以银行存款从证券市场上购入乙公司发行在外股份的 25%，实际支付价款 500 万元，另支付相关税费 5 万元，甲公司对乙公司财务和经营政策具有重大影响。同日，乙公司可辨认净资产的公允价值为 2 200 万元。甲公司 2022 年 1 月 1 日取得的长期股权投资的投资成本为（　　）万元。

A. 500　　B. 505

C. 550　　D. 555

11. 长期股权投资采用权益法核算时，其初始投资成本小于投资时应享有被投资单位可辨认净资产公允价值份额的，其差额应借记“长期股权投资——投资成本”科目，贷记的科目为（　　）。

A. 资本公积　　B. 投资收益

C. 营业外收入　　D. 其他业务收入

12. 2022 年 1 月 1 日，甲公司取得乙公司 40% 的股权，对乙公司财务和经营政策有重大影响，并准备长期持有。2022 年乙公司实现净利润 800 万元，甲公司按规定确认了该项投资的投资收益 260 万元。2023 年 3 月 1 日，乙公司宣告分派现金股利 700 万元，此时甲公司应调减“长期股权投资——损益调整”账户（　　）万元。

A. 0　　B. 260

C. 280　　D. 320

13. 2023 年 1 月 1 日，甲公司出售其持有的原按权益法核算的长期股权投资，获得价款 900 万元存入银行。该投资出售前各明细账户的余额为：“投资成本”借方余额 1 000 万元，“损益调整”贷方余额 100 万元，“其他权益变动”借方余额 50 万元。2022 年 12 月 31 日，甲公司为该项投资计提的资产减值准备余额为 50 万元。则甲公司出售该投资应确认的投资收益为（　　）万元。

A. 0　　B. 50

C. 100　　D. 150

14. 2022 年 1 月 1 日，甲公司以 1 900 万元对乙公司进行长期股权投资，占乙公司有表决权资本 10 000 万元的 20%，对乙公司财务与经营政策具有重大影响。2022 年 12 月 31 日乙公司宣告亏损 1 000 万元（不考虑调整因素）。2022 年 12 月 31 日，因乙公司所处行业生产技术发生重大变化，乙公司已失去竞争能力，甲公司预计乙公司将于 2023 年进行清理整顿。2022 年 12 月 31 日，此项长期股权投资存在活跃市场，其公允价值 1 400 万元，直接归属于该股权的处置费用为 10 万元；预计该长期股权投资未来现金流量的现值总额为 1 350 万元。则甲公司 2022 年 12 月 31 日应计提的长期股权投资减值准备为（　　）万元。

A. 140　　B. 400

C. 410　　D. 450

15. 在因处置部分投资而导致长期股权投资的核算由成本法转为权益法的情况下，下列做法中不正确的是（　　）。

A. 一般应采用追溯调整法进行追溯调整

B. 对在被投资单位过去发生的除净损益、其他综合收益以及利润分配以外的所有者权益的其他变动中享有的份额不予以调账

C. 对属于投资成本小于应享有被投资企业可辨认净资产公允价值份额的部分应调账

D. 对原取得投资后至转变为权益法核算之间被投资企业实现净损益中应享有的份额应调账

二、多项选择题

1. 下列有关以公允价值计量且其变动计入其他综合收益的金融资产会计处理的表述中，正确的有（　　）。

A. 以公允价值计量且其变动计入其他综合收益的金融资产期末应采用公允价值计量

B. 取得以公允价值计量且其变动计入其他综合收益的金融资产发生的交易费用应计入资产成本

C. 债权性以公允价值计量且其变动计入其他综合收益的金融资产发生的减值损失应计入当期损益

D. 以公允价值计量且其变动计入其他综合收益的金融资产持有期间取得的现金股利应冲减资产成本

2. 以公允价值计量且其变动计入其他综合收益的金融资产会计核算可能设置的明细科目有（　　）。

A. 成本　　B. 利息调整

C. 应计利息　　D. 公允价值变动

3. 关于以公允价值计量且其变动计入其他综合收益的金融资产的计量，下列说法中正确的有（　　）。

A. 资产负债表日，应以公允价值计量且公允价值变动计入当期损益

B. 资产负债表日，应以公允价值计量且公允价值变动计入其他综合收益

C. 支付的价款中包含的已到付息期但尚未领取的债券利息或已宣告但尚未发放的现金股利，应单独确认为应收项目

D. 处置债权性以公允价值计量且其变动计入其他综合收益的金融资产时，应将取得的价款与该金融资产账面价值之间的差额，计入投资损益；同时，将原直接计入其他综合收益的公允价值变动累计额对应处置部分的金额转出，计入投资收益

4. “交易性金融资产”科目借方登记的内容有（　　）。

A. 以公允价值计量且其变动计入当期损益的金融资产的取得成本

B. 取得以公允价值计量且其变动计入当期损益的金融资产所发生的相关交易费用

C. 资产负债表日以公允价值计量且其变动计入当期损益的金融资产公允价值低于账面余额的差额

D. 资产负债表日以公允价值计量且其变动计入当期损益的金融资产公允价值高于账面余额的差额

5. 下列各项权益性投资中，投资企业应采用权益法核算的有（　　）。

A. 对子公司的权益性投资

B. 对合营企业的权益性投资

C. 对联营企业的权益性投资

D. 投资企业持有的对被投资方不具有控制、共同控制或重大影响的权益性投资

6. 采用权益法核算时，可能记入“长期股权投资——损益调整”科目贷方发生额的是（　　）。

A. 被投资单位发生亏损　　B. 被投资单位实现净利润

C. 被投资单位宣告分派现金股利　　D. 投资企业处置长期股权投资

7. 下列关于权益法的核算表述中，正确的有（　　）。

A. 长期股权投资的初始投资成本大于投资时应享有被投资单位可辨认净资产公允价值的，调整长期股权投资成本

B. 投资企业应按应享有或应分担的被投资单位实现的净损益的份额，确认投资收益同时相应调整长期股权投资的账面价值

C. 如果被投资方发生净亏损，则投资方应先相应冲减长期股权投资的账面价值，账面价值不够冲减，再冲减资本公积和留存收益

D. 投资企业在确认应享有被投资单位净损益的份额时，被投资单位采用的会计政策

及会计期间与投资企业不一致的，应按投资企业的会计政策及会计期间对被投资单位的财务报表进行调整，并据以确认投资损益

8. 对长期股权投资采用权益法核算时，被投资单位发生的下列事项中，投资企业应调整长期股权投资账面价值的有（　　）。

A. 被投资单位实现净利润　　B. 被投资单位计提盈余公积

C. 被投资单位购买固定资产　　D. 被投资单位宣告分派现金股利

9. 在权益法下，若被投资单位发生超额亏损，投资企业在借记“投资收益”账户的同时，可能贷记的账户有（　　）。

A. 递延收益　　B. 预计负债

C. 长期应收款　　D. 长期股权投资

三、判断题

1. 企业取得金融资产支付的价款中包含已宣告但尚未发放的现金股利或已到付息期但尚未领取的债券利息，应构成金融资产的初始入账金额。（　　）

2. 处置以摊余成本计量的金融资产时，应将所取得价款与该投资账面价值之间的差额计入投资收益。（　　）

3. 以摊余成本计量的金融资产在持有期间应当按照公允价值计量，公允价值与账面价值的差额计入投资收益。（　　）

4. 以摊余成本计量的金融资产的减值损失一经确认，不得转回。（　　）

5. 以摊余成本计量的金融资产应按实际利率法以摊余成本计量。（　　）

6. 债权性以公允价值计量且其变动计入其他综合收益的金融资产计提的减值准备可以转回。（　　）

7. 以公允价值计量且其变动计入其他综合收益的金融资产符合一定条件时可重分类为以公允价值计量且其变动计入当期损益的金融资产。（　　）

8. 债权性以公允价值计量且其变动计入其他综合收益的金融资产应采用预期信用损失模型确认减值损失。（　　）

9. 长期股权投资在成本法核算下，只要被投资单位宣告分派现金股利就应确认投资收益。（　　）

10. 非企业合并方式以支付现金取得的长期股权投资，应当按照实际支付的购买价款（不含已宣告但尚未发放的现金股利）作为初始投资成本。（　　）

11. 长期股权投资采用权益法核算，长期股权投资的初始投资成本小于投资时应享有被投资单位可辨认净资产公允价值份额的，其差额应当确认为资本公积，同时调整长期股权投资的成本。（　　）

12. 权益法下投资企业对于被投资单位其他综合收益的变动，应当调整长期股权投资的账面价值并计入所有者权益（其他综合收益）。（　　）

13. 投资者投入的长期股权投资，应按投资合同或协议约定的价值作为初始投资成本。（　　）

14. 同一控制下的企业合并形成的长期股权投资应按实际支付的全部价款作为长期股权投资初始投资成本。（　　）

15. 在权益法下，被投资单位宣告分配现金股利或利润时，投资企业只能根据其应分得的份额调减长期股权投资，不得反映任何投资收益。　　(　　)

四、计算及账务处理题

1. 2022 年 1 月 1 日，大明公司以银行存款 41 152 263 元购入乙公司当日发行的 2 年期债券一批，面值为 40 000 000 元，票面年利率为 10%，该债券到期一次还本付息。大明公司购入后将其分类为以摊余成本计量的金融资产，实际利率为 8%。2024 年 1 月 1 日大明公司收取全部债券本息，存入银行。

要求：

(1) 编制大明公司 2022 年 1 月 1 日购入债券时的会计分录。

(2) 编制大明公司 2022 年 12 月 31 日计提债券利息时的会计分录。

(3) 编制大明公司 2024 年 1 月 1 日收到债券本息时的会计分录。

2. 2022 年 5 月 10 日，长江公司以 480 万元购入黄河公司股票 60 万股作为以公允价值计量且其变动计入其他综合收益的金融资产，另支付手续费 10 万元，6 月 30 日该股票每股市价为 7.5 元，8 月 10 日，黄河公司宣告分派现金股利，每股 0.20 元，8 月 20 日，长江公司收到分派的现金股利。至 12 月 31 日，长江公司仍持有该以公允价值计量且其变动计入其他综合收益的金融资产，期末每股市价为 8.5 元，2023 年 1 月 3 日，长江公司以 515 万元出售该以公允价值计量且其变动计入其他综合收益的金融资产。假定长江公司每年 6 月 30 日和 12 月 31 日对外提供财务报告。

要求：

(1) 编制长江公司 2022 年 5 月 10 日购入股票时的会计分录。

(2) 编制长江公司 2022 年 6 月 30 日期末计量的会计分录。

(3) 编制长江公司 2022 年 8 月 10 日黄河公司宣告分派现金股利时的会计分录。

(4) 编制长江公司 2022 年 8 月 20 日收到现金股利时的会计分录。

(5) 编制长江公司 2022 年 12 月 31 日期末计量的会计分录。

(6) 编制长江公司 2023 年 1 月 3 日处置时的会计分录。

3. 甲公司持有的以公允价值计量且其变动计入当期损益的金融资产有关资料如下：

(1) 2022 年 6 月 30 日，以公允价值计量且其变动计入当期损益的金融资产的账面成本与公允价值金额如下：

项　目		账面成本（元）	公允价值（元）
交易性金融资产——股票	股票 A	150 000	145 800
	股票 B	85 000	84 500
	股票 C	120 000	121 000
交易性金融资产——债券	A 公司债券	500 000	495 000
	C 公司债券	350 000	350 500

(2) 甲公司于 2022 年 9 月 5 日将 A 公司债券的 50% 出售，取得价款（扣除相关税费）260 000 元；同日又将股票 A 全部出售，取得价款（扣除相关税费）149 000 元。

(3) 甲公司于 2022 年 12 月 15 日购入已宣告每股发放现金股利 0.10 元，但尚未支取的

D 股票 50 000 股，实际以银行存款支付价款 175 000 元。

要求：

（1）计算甲公司 2022 年 6 月 30 日的公允价值变动损益。

（2）编制甲公司 2022 年 6 月 30 日对以公允价值计量且其变动计入当期损益的金融资产期末计量时的会计分录。

（3）编制甲公司 2022 年 9 月 5 日出售债券和股票时的会计分录。

（4）编制甲公司 2022 年 12 月 15 日购入 D 股票时的会计分录。

4. 2022 年 4 月 2 日，甲公司以每股 4.10 元的价格（含已宣告但尚未发放的现金股利 0.10 元）购入乙公司股票 100 万股作为以公允价值计量且其变动计入当期损益的金融资产，另支付相关税费 5 万元；2022 年 4 月 20 日收到现金股利；2022 年 6 月 30 日该股票每股市价为 3.80 元；2022 年 7 月 10 日以每股 5 元的价格出售该以公允价值计量且其变动计入当期损益的金融资产，另支付相关税费 6 万元。

要求：

（1）编制甲公司 2022 年 4 月 2 日取得乙公司股票时的会计分录。

（2）编制甲公司 2022 年 4 月 20 日收到现金股利时的会计分录。

（3）编制甲公司 2022 年 6 月 30 日对持有乙公司股票期末计量时的会计分录。

（4）编制甲公司 2022 年 7 月 10 日出售乙公司股票时的会计分录。

5. 2022 年 7 月 1 日，甲公司向同一企业集团内乙公司的原股东丙公司定向增发 10 000 万股普通股（每股面值 1 元，市价 8 元），取得乙公司 100% 的股权，相关手续于当日完成，并能够对乙公司实施控制。合并后乙公司仍维持其独立法人资格继续经营。乙公司之前为丙公司于 2019 年以非同一控制下企业合并的方式收购的全资子公司。合并日，乙公司所有者权益在丙公司合并财务报表中的账面价值为 40 000 万元（含商誉 5 000 万元）。甲公司和乙公司都受丙公司同一控制。不考虑相关税费等其他因素的影响。

要求：

编制甲公司 2022 年 7 月 1 日取得乙公司股票时的会计分录。

6. 2022 年 4 月 1 日，甲公司以 895 万元（含支付的相关费用 1 万元，已宣告但尚未领取的现金股利 60 万元）购入乙公司的股票，占乙公司实际发行在外普通股股数的 40%。甲公司对乙公司的财务与经营政策具有重大影响。2022 年 4 月 1 日，乙公司所有者权益的账面价值为 2 000 万元（乙公司各项可辨认资产、负债的账面价值与公允价值均相等）；

甲公司于 2022 年 5 月 20 日收到上述现金股利；2022 年乙公司实现净利润 300 万元（假设利润均衡发生）；2023 年 4 月 10 日，乙公司宣告分配现金股利 120 万元；甲公司于 2023 年 5 月 30 日收到应得现金股利；2023 年 10 月 9 日，甲公司转让对乙公司全部投资，实得价款 1 100 万元。

要求：

（1）编制甲公司 2022 年 4 月 1 日取得乙公司股票时的会计分录。

（2）编制甲公司 2022 年 5 月 20 日收到乙公司派发的现金股利时的会计分录。

（3）编制甲公司 2022 年 12 月 31 日确认对乙公司投资收益时的会计分录。

（4）编制甲公司 2023 年 4 月 10 日乙公司宣告派发现金股利时的会计分录。

（5）编制甲公司 2023 年 5 月 30 日收到乙公司派发的现金股利时的会计分录。

（6）编制甲公司2023年10月9日转让乙公司股票时的会计分录。

7. 2022年1月1日，甲公司以3 200万元从非关联方处取得乙公司60%的股权，款项以银行存款支付，乙公司2022年1月1日可辨认净资产公允价值总额为5 000万元（假定其各项可辨认资产、负债的公允价值均等于账面价值），甲公司对乙公司具有控制权，并对该项投资采用成本法核算。甲公司每年均按10%提取盈余公积。2022年乙公司实现净利润2 000万元，其他综合收益变动为600万元（性质为债权性以公允价值计量且其变动计入其他综合收益的金融资产的公允价值变动，已扣除所得税的影响），除净损益、其他综合收益和利润分配以外的其他所有者权益变动为400万元，乙公司未分派现金股利。2023年1月1日，甲公司出售持有的乙公司50%的股权，取得出售价款2 600万元，款项已收入银行存款户，当日乙公司所有者权益的账面价值为8 000万元。出售该部分股权后，甲公司不能再对乙公司实施控制，但能够对乙公司财务和经营政策施加重大影响。

要求：

（1）编制甲公司2022年1月1日取得乙公司股权时的会计分录。

（2）编制甲公司2023年1月1日处置持有的乙公司50%股权时的会计分录。

（3）编制甲公司2023年1月1日剩余长期股权投资由成本法转权益法时的会计分录。

8. 甲公司2022年至2023年与长期股权投资有关的资料如下：

（1）2022年1月1日，甲公司与乙公司股东签订股权购买协议，以银行存款3 000万元（不考虑相关税费）购买乙公司40%的股权，对乙公司的财务与经营政策具有重大影响。2022年1月1日，乙公司的可辨认净资产的账面价值总额为7 650万元，公允价值为8 100万元。取得投资时乙公司的无形资产公允价值为900万元，账面价值为450万元，该无形资产的预计使用年限为10年，残值为零，按直线法计提摊销额。2022年1月1日，乙公司除该无形资产之外的其他各项可辨认资产、负债的公允价值均等于账面价值，双方采用的会计政策、会计期间相同。

（2）2022年11月，甲公司将其账面价值为600万元的商品以900万元的价格出售给乙公司，乙公司将取得的商品作为行政管理部门的固定资产，预计使用寿命10年，净残值为零。乙公司采用年限平均法对固定资产计提折旧。

（3）2022年12月，乙公司将其账面价值为400万元的商品以500万元的价格出售给甲公司，甲公司将取得的商品作为存货。2022年12月31日，甲公司存货中有100万元是当年12月从乙公司购入的。

（4）2022年3月20日，乙公司宣告发放现金股利500万元，并于2022年4月20日实际发放。2022年度，乙公司实现净利润600万元。

（5）2023年，乙公司直接计入所有者权益的利得为220万元（系债权性以公允价值计量且其变动计入其他综合收益的金融资产公允价值变动，已扣除所得税的影响）。截至2023年12月31日，甲公司将其2022年12月从乙公司购买的商品全部对非关联方出售。

（6）2023年度，乙公司实现净利润900万元。

要求：

（1）编制甲公司2022年1月1日取得乙公司股权时的会计分录。

（2）编制甲公司2022年3月20日乙公司宣告发放现金股利时的会计分录。

（3）编制甲公司2022年4月20日收到乙公司发放的现金股利时的会计分录。

（4）编制甲公司 2022 年 12 月 31 日确认对乙公司投资收益时的会计分录。

（5）编制甲公司 2023 年 12 月 31 日确认对乙公司股权投资的其他综合收益变动时的会计分录。

（6）编制甲公司 2023 年 12 月 31 日确认对乙公司投资收益时的会计分录。

第六章

固定资产

一、单项选择题

1. 下列各项资产中，不能确认为固定资产的是（　　）。

A. 企业的厂房

B. 企业库存的高价周转件

C. 企业生产车间使用的设备

D. 企业计划采购的机器设备

2. 下列关于固定资产初始计量的表述中，正确的是（　　）。

A. 企业自行建造厂房领用自产产品时，应按照自产产品的成本计算增值税销项税额并将其计入在建工程的成本

B. 自行建造的固定资产已经达到预定可使用状态，但是尚未办理竣工决算的，应当待办理竣工结算手续时确认为固定资产

C. 采用分期付款方式购买固定资产，且在合同中规定的付款期限比较长，超过了正常信用条件购买的固定资产，应当按照合同约定的付款总额作为资产的入账价值

D. 以一笔款项同时购入多项没有单独标价的资产，如果这些资产均符合固定资产的定义，并满足固定资产的确认条件，则应将各项资产单独确认为固定资产，并按各项固定资产公允价值的比例对总成本进行分配，分别确定各项固定资产的成本

3. 腾达公司经国家批准于2022年1月1日建造完成核电站核反应堆并交付使用，建造成本为2 000万元，预计使用寿命为50年。该核反应堆将会对当地的生态环境产生一定的影响，根据国家法律和行政法规、国际公约等规定，企业应在该项设施使用期满以后将其拆除，并对造成的污染进行整治，预计发生弃置费用500万元。假定适用的折现率为5%。已知利率为5%，期数为50期的复利现值系数为0.0872。则该项固定资产的入账金额为（　　）万元。

A. 1 956.4　　　　B. 2 000

C. 2 043.6　　　　D. 2 500

4. 信达公司和中信公司均采用增值税一般计税方法。2023年1月1日，信达公司向中信公司一次性购进了三套不同型号且有不同生产能力的设备X、Y和Z。信达公司以银行存款支付货款10 000万元、增值税税额1 300万元、包装费20万元。Y设备在安装过程中领用生产用原材料一批，价值为3万元，支付安装费5万元。假定设备X、Y和Z分别满足固定资产的定义及其确认条件，公允价值分别为1 500万元、4 500万元、6 000万元。假设不

考虑其他相关税费，则 Y 设备的入账价值为（ ）万元。

A. 3 008 B. 3 750

C. 3 758 D. 3 765.5

5. 大海公司增值税采用一般计税方法，适用的增值税税率为 13%。2023 年 2 月 1 日，大海公司购入一台需要安装的生产用设备，取得的增值税专用发票上注明的设备价款为 100 万元，增值税税额为 13 万元，款项全部付清；安装过程中发生安装调试费 1.43 万元。

要求：根据上述资料，不考虑其他因素，回答下列第（1）题至第（3）题。

（1）大海公司购入需要安装的生产设备，其入账价值不包括（ ）。

A. 安装调试费 B. 发生的运输费

C. 设备的购买价款 D. 支付的增值税进项税额

（2）大海公司购入该设备的入账价值为（ ）万元。

A. 100 B. 101.43

C. 113 D. 114.43

（3）如果大海公司增值税采用简易计税方法，其他资料相同时，该设备的入账价值应为（ ）万元。

A. 100 B. 101.43

C. 113 D. 114.43

6. 大海公司增值税采用一般计税方法。2022 年 11 月 20 日，大海公司购进一台需要安装的 A 设备，取得的增值税专用发票上注明的设备价款为 1 250 万元，可抵扣增值税进项税额为 162.5 万元，款项已通过银行存款支付。安装 A 设备时，大海公司领用原材料 80 万元（不含增值税额），支付安装人员工资 70 万元。2022 年 12 月 31 日，A 设备达到预定可使用状态。A 设备预计使用年限为 5 年，预计净残值率为 5%，大海公司采用双倍余额递减法计提折旧。

要求：根据上述资料，不考虑其他因素，回答下列第（1）题至第（2）题。

（1）大海公司 A 设备的入账价值是（ ）万元。

A. 1 250 B. 1 400

C. 1 412.5 D. 1 562.5

（2）大海公司 2025 年度对 A 设备计提的折旧是（ ）万元。

A. 127.12 B. 191.52

C. 201.6 D. 225

7. 2022 年 5 月 15 日，甲公司发生一场火灾，共计损失 120 万元，其中：流动资产损失 75 万元；固定资产损失 45 万元。经查明事故原因是由于雷击所造成。甲公司收到流动资产保险赔款 30 万元，固定资产保险赔款 10 万元。甲公司由于这次火灾损失而应计入营业外支出的金额为（ ）万元。

A. 35 B. 45

C. 80 D. 120

8. 下列固定资产折旧方法中，在初始年度折旧时不考虑预计净残值的是（ ）。

A. 年限平均法 B. 工作量法

C. 年数总和法 D. 双倍余额递减法

9. 企业固定资产采用年数总和法计提折旧，不同年度的折旧额呈现的规律是（　　）。

A. 逐年递减　　B. 逐年增加

C. 各年不变　　D. 无规律可循

10. 甲公司某项固定资产初始入账价值为40 000元，预计净残值为2 000元，预计使用年限为4年，采用年限平均法计提折旧，甲公司该项固定资产在第三年的折旧金额为（　　）元。

A. 3 800　　B. 7 600

C. 8 000　　D. 12 000

二、多项选择题

1. 下列关于固定资产的特征的表述中，正确的有（　　）。

A. 固定资产是有形资产

B. 固定资产的使用寿命超过一个会计年度

C. 与固定资产有关的经济利益可能流入企业

D. 固定资产是为生产商品、提供劳务、出租或经营管理而持有

2. 企业购入的需要安装的生产设备，其入账价值包括（　　）。

A. 运杂费　　B. 购买价款

C. 进口关税　　D. 安装成本

3. 如果购买固定资产的价款超过正常信用条件、延期支付，实质上具有融资性质的，下列说法中正确的有（　　）。

A. 固定资产的成本以购买价款为基础确定

B. 固定资产的成本以购买价款的现值为基础确定

C. 实际支付的价款与购买价款的现值之间的差额，无论是否符合资本化条件，均应当在信用期间内计入当期损益

D. 实际支付的价款与购买价款的现值之间的差额，符合资本化条件的，应当在信用期间内资本化；不符合资本化条件的，在信用期间内计入当期损益

4. 企业采用自营方式建造办公楼的情况下，下列项目中应计入固定资产成本的有（　　）。

A. 工程人员的工资

B. 工程完工后发生的工程物资盘亏、报废

C. 工程项目尚未达到预定可使用状态前由于非常原因造成的工程物资盘亏

D. 盘亏工程项目尚未达到预定可使用状态前由于正常原因造成的工程物资报废损失

5. 关于固定资产的初始计量，下列说法中不正确的有（　　）。

A. 一般工商企业的固定资产发生的清理费用属于弃置费用

B. 投资者投入的固定资产的成本，应当按照投资合同或协议约定的价值确定

C. 企业为建造固定资产通过出让方式取得的土地使用权而支付的土地出让金应计入在建工程的成本

D. 融资购入固定资产时，应按照购买价款的现值，借记“固定资产”或“在建工程”等科目，按应支付的金额，贷记“长期应付款”科目，差额记入“未确认融

资费用”科目

6. 下列各项中，应计提折旧的固定资产有（　　）。

A. 未使用的机器设备

B. 季节性停用的固定资产

C. 大修理停用的固定资产

D. 正在扩建而停止使用的固定资产

7. 下列关于固定资产折旧的表述中，正确的有（　　）。

A. 未使用的固定资产计提的折旧额应计入管理费用

B. 企业经营租出的固定资产计提的折旧额应计入管理费用

C. 销售部门所使用的固定资产计提的折旧应计入销售费用

D. 企业基本生产车间所使用的固定资产，其计提的折旧应计入制造费用

8. 下列关于固定资产后续计量的表述中，正确的有（　　）。

A. 盘盈的固定资产通过“以前年度损益调整”科目核算

B. 固定资产处置时一般通过“固定资产清理”科目进行归集

C. 企业生产车间（部门）和行政管理部门等发生的固定资产修理费用等后续支出计入管理费用

D. 企业专设销售机构的，其发生的与专设销售机构相关的固定资产修理费用等后续支出，计入销售费用

9. 关于固定资产的处置，下列说法中正确的有（　　）。

A. 企业持有待售的固定资产，应当对其预计净残值进行调整

B. 固定资产满足“处于处置状态”条件时，应当予以终止确认

C. 固定资产满足“预期通过使用或处置不能产生经济利益”条件时，应当予以终止确认

D. 企业出售、转让、报废固定资产或发生固定资产损毁，应当将处置收入扣除账面价值和相关税费后的金额计入当期损益

10. 戴伟公司增值税采用一般计税方法，适用的增值税税率为13%，2023年1月1日，戴伟公司与乙公司签订一项购货合同，从乙公司购入一台需要安装的生产设备，收到的增值税专用发票上注明的设备价款为540万元，增值税税额为70.2万元。合同约定，戴伟公司于2023年开始至2025年年底3年内，每年12月31日支付180万元。2023年1月1日，戴伟公司收到该设备，同时支付增值税进项税额70.2万元，另支付保险费、装卸费等2万元；2024年6月30日设备安装完毕，截至此时共计发生安装费50万元。

假定戴伟公司综合各方面因素后决定采用6%作为折现率，[（P/A，6%，3）=2.6730]。

要求：根据上述资料，不考虑其他因素，回答下列第（1）题至第（2）题。

（1）下列关于固定资产的相关表述中，正确的有（　　）。

A. 未确认融资费用的摊销一定记入“财务费用”科目

B. 按照应付款的总额，贷记“长期应付款”科目，按其与现值的差额，借记“未确认融资费用”科目

C. 采用分期付款方式购买固定资产，且在合同中规定的付款期限比较长的，按购买价款的现值，借记“固定资产”或“在建工程”等科目

D. 企业购入需要安装的固定资产，其取得成本为企业实际支付的购买价款、包装费、运杂费、保险费、专业人员服务费、相关税费（不含可抵扣的增值税进项税额）和安装调试成本等

（2）下列有关戴伟公司的相关账务处理中，正确的有（　　）。

A. 2024 年 6 月 30 日固定资产的入账价值为 571.91 万元

B. 2023 年 12 月 31 日未确认融资费用的摊销额为 28.87 万元

C. 2023 年 12 月 31 日长期应付款的账面价值为 330.01 万元

D. 2023 年 1 月 1 日“未确认融资费用”科目的发生额为 58.86 万元

三、判断题

1. 对于构成固定资产的各组成部分，如果各自具有不同的使用寿命或者以不同的方式为企业提供经济利益，企业应将各组成部分单独确认为固定资产，并且采用不同的折旧率或者折旧方法计提折旧。（　　）

2. 企业购置的环保设备和安全设备等资产，由于它们的使用不能直接为企业带来经济利益，所以企业不应将其确认为固定资产。（　　）

3. 在不考虑计提固定资产减值准备的情况下，某项固定资产期满报废时，无论采用年限平均法，还是采用加速折旧法，其累计折旧额一定等于该项固定资产应计提折旧总额。（　　）

4. 企业管理用固定资产发生的改良支出，应全部记入“管理费用”科目。（　　）

5. 固定资产的大修理费用和日常修理费用，通常不符合固定资产确认条件，金额较小时应当在发生时计入当期管理费用，金额较大时采用预提或待摊方式处理。（　　）

6. 已达到预定可使用状态的固定资产，无论是否交付使用，尚未办理竣工决算的，应当按照估计价值确认为固定资产并计提折旧；待办理了竣工决算手续后，再按实际成本调整原来的暂估价值，同时调整原已计提的折旧额。（　　）

7. 处于修理、更新改造过程而停止使用的固定资产，符合固定资产确认条件的，应当转入在建工程，停止计提折旧；不符合确认条件的，不应转入在建工程，照提折旧。（　　）

8. 固定资产发生的更新改造支出、房屋装修费用等，符合固定资产确认条件的，应当计入固定资产成本，同时将被替换部分的账面价值扣除。（　　）

四、计算及账务处理题

1. 西方公司 2022 年至 2024 年发生的有关交易或事项如下：

（1）2022 年 11 月 25 日，西方公司外购一台 A 设备，购买价款（不含增值税）为 500 万元，增值税税额为 65 万元，相关费用为 4 万元。西方公司将购买的 A 设备作为管理用固定资产，于交付当日投入使用。西方公司采用年数总和法计提折旧，预计 A 设备可使用 5 年，预计净残值为零。

（2）2024 年 10 月 31 日，西方公司计划于 2025 年 5 月将 A 设备以 260 万元（不含增值税）的价格将 A 设备出售，且已经与受让方签订了不可撤销的转让协议。西方公司增值税采用一般计税方法，适用的增值税税率为 13%。根据税法规定，西方公司为购买 A 设备支

付的增值税进项税额可以抵扣；出售 A 设备按照适用税率缴纳增值税。

要求：

（1）计算西方公司 2023 年 A 设备应当计提的折旧额（假定按全年一次计提折旧）。

（2）编制西方公司 2023 年 A 设备计提折旧时的会计分录（假定按全年一次计提折旧）。

（3）计算西方公司 2024 年 A 设备应当计提的折旧额。

（4）编制西方公司 2024 年 A 设备计提折旧时的会计分录。

2. 戴伟公司增值税采用一般计税方法，适用的增值税税率为 13%，2023 年发生如下交易或事项：

（1）2023 年 2 月 1 日，戴伟公司以 1 200 万元的价格购入一条生产线（专门用于生产一种产品），价款以银行存款支付，当日投入使用。戴伟公司预计其在未来 10 年内会给公司带来经济利益，采用年限平均法计提折旧。戴伟公司计划在使用 5 年后出售该生产线，G 公司承诺 5 年后按 840 万元的价格购买该生产线。假定 2023 年该生产线生产的产品尚未对外出售。戴伟公司对该生产线购入以及 2023 年计提折旧的会计分录如下：

借：固定资产　　12 000 000

　　贷：银行存款　　12 000 000

借：生产成本　　1 000 000

　　贷：累计折旧　　1 000 000

（2）戴伟公司自行建造一厂房，截至 2023 年 12 月 31 日，全部成本为 6 000 万元（全部归集在“在建工程”科目），预计使用寿命为 20 年。2023 年 12 月 31 日，该厂房达到预定可使用状态，并且预计 20 年后该厂房报废时将发生清理费 20 万元。在考虑货币的时间价值和相关期间通货膨胀等因素的影响基础上确定的折现率为 5%［（P/F，5%，20）= 0. 3769］。

戴伟公司会计处理如下：

借：固定资产　　60 075 380

　　贷：在建工程　　60 000 000

　　　　预计负债　　75 380

（3）2023 年 12 月 31 日，戴伟公司在对某已经计提减值的生产线进行检查时发现，由于市场价格的上涨，其生产线的当前可收回金额大于其账面价值，因此其会计人员，在已经计提减值的限额内转回减值 100 万元。会计处理如下：

借：固定资产减值准备　　1 000 000

　　贷：资产减值损失　　1 000 000

（4）2022 年 12 月 29 日，戴伟公司一台设备达到了预定可使用状态，但尚未办理竣工决算手续。已经记入“在建工程”科目的金额为 1 010 万元，戴伟公司按照1 010 万元的暂估价记入“固定资产”科目。戴伟公司采用年限平均法对其计提折旧，预计使用年限为 10 年，预计净残值为零。2023 年 3 月 28 日，竣工决算手续办理完毕，实际成本应当是 1 080 万元。甲公司进而调整了设备的入账价值和设备在 2023 年 1 月至 3 月的折旧额，会计处理如下：

借：在建工程　　10 100 000

　　贷：固定资产　　10 100 000

借：固定资产　　10 800 000

　　贷：在建工程　　10 800 000

借：管理费用　　17 500

　　贷：累计折旧　　17 500

要求：

假如你是甲公司会计部门经理，请判断甲公司会计人员上述事项的处理是否正确；如果不正确，请说明正确的会计处理。

3. 甲公司增值税采用一般计税方法，适用增值税税率为 13%。2023 年 2 月购入一台生产用设备，价款 450 万元，增值税 58.5 万元，相关费用 3 万元，立即投入安装。安装中领用工程物资 22 万元；领用原材料的实际成本为 5 万元；领用库存商品（应税消费品）的实际成本为 18 万元，市场售价 20 万元（不含税），消费税税率 10%。安装完毕投入使用，该设备预计使用 5 年，预计净残值为 20 万元。

要求：

（1）计算安装完毕投入使用固定资产成本。

（2）假定 2023 年 4 月 10 日安装完毕并交付使用，采用平均年限法计算 2023 年、2024 年和 2028 年年折旧额。

（3）假定 2023 年 9 月 10 日安装完毕并交付使用，采用年数总和法计算 2023 年、2024 年和 2028 年年折旧额。

（4）假定 2023 年 12 月 10 日安装完毕并交付使用，采用双倍余额递减法计算 2024 ~ 2028 年年折旧额。

（5）假定 2023 年 3 月 10 日安装完毕并交付使用，采用双倍余额递减法计算 2023 ~ 2028 年年折旧额。

4. 甲公司有关固定资产核算业务如下：

（1）2022 年 1 月 1 日，甲公司从乙公司购入一台机器设备作为生产车间固定资产使用，该机器已收到。购货合同约定，该机器的总价款为 3 000 万元（不考虑增值税问题），分 3 年支付价款，2022 年 12 月 31 日支付 1 500 万元，2023 年 12 月 31 日支付 900 万元，2024 年 12 月 31 日支付 600 万元。假定甲公司 3 年期银行借款年利率为 6%。

（2）2022 年 1 月 10 日，将该机器设备投入安装，支付安装费用 200 万元。

（3）2022 年 3 月 20 日，支付安装费用 1 080.1373 万元。安装工程达到预定可使用状态交付生产车间使用，但未办理竣工决算手续，按照实际工程成本转入固定资产。固定资产采用直线法计提固定资产折旧，预计使用年限为 10 年，净残值为 160 万元。假定按年于年末计提折旧。

（4）2022 年 12 月 31 日支付设备价款。

（5）2022 年 12 月 31 日办理竣工决算手续，固定资产实际总成本为 4 111 万元，工程尾款 111 万元当即支付。折旧年限、净残值、折旧方法均不变。

（6）2023 年 12 月 31 日支付设备价款。

（7）2024 年 6 月 30 日发生该机器设备修理费用 30 万元，以银行存款支付。

（8）2024 年 12 月 31 日支付设备价款。

要求：

（1）计算甲公司该机器总价款的现值。

（2）计算甲公司该机器总价款与现值的差额，即计算未确认融资费用。

（3）编制甲公司 2022 年 1 月 1 日购入该机器时的会计分录。

（4）编制甲公司 2022 年 1 月 10 日将该机器设备投入安装时的会计分录。

（5）编制甲公司 2022 年 3 月 20 日支付安装费用和交付使用时的会计分录。

（6）编制甲公司 2022 年 12 月 31 日支付设备价款和计提折旧时的会计分录。

（7）编制甲公司 2022 年 12 月 31 日支付工程尾款的会计分录。

（8）编制甲公司 2023 年 12 月 31 日支付设备价款和计提折旧时的会计分录。

（9）编制甲公司 2024 年 6 月 30 日发生修理费用时的会计分录。

（10）编制甲公司 2024 年 12 月 31 日支付设备价款和计提折旧时的会计分录。

第七章

无形资产

一、单项选择题

1. 下列各项中，企业应确认为无形资产的是（　　）。

A. 自创的商誉　　B. 购入的商标权

C. 内部产生的品牌　　D. 研究阶段的支出

2. 甲公司2022年9月1日开始自行开发成本管理软件，在研究阶段发生材料费用10万元，开发阶段发生开发人员工资100万元，福利费20万元，支付租金30万元。开发阶段的支出满足资本化条件。2022年9月16日，甲公司自行开发成功该成本管理软件，并依法申请了专利，支付注册费1万元，律师费2.5万元，甲公司2022年9月20日为向社会展示其成本管理软件，特举办了大型宣传活动，支付费用50万元，则甲公司该无形资产的入账价值应为（　　）万元。

A. 3.5　　B. 153.5

C. 163.5　　D. 213.5

3. 企业自用的无形资产的摊销金额一般应计入（　　）。

A. 管理费用　　B. 无形资产

C. 长期待摊费用　　D. 其他业务成本

4. 企业内部研究开发项目研究阶段发生的职工薪酬应当计入（　　）。

A. 当期损益　　B. 在建工程成本

C. 长期待摊费用　　D. 无形资产成本

5. 关于企业内部研究开发项目的支出，下列说法错误的是（　　）。

A. 企业内部研究开发项目开发阶段的支出，应确认为无形资产

B. 企业内部研究开发项目研究阶段的支出，应当于发生时计入当期损益

C. 企业内部研究开发项目的支出，应当区分研究阶段支出与开发阶段支出

D. 企业内部研究开发项目开发阶段的支出，可能确认为无形资产，也可能确认为费用

6. 关于无形资产的后续计量，下列说法正确的是（　　）。

A. 无形资产的摊销方法只有直线法

B. 使用寿命不确定的无形资产应按10年期限摊销

C. 使用寿命不确定的无形资产应按系统合理的方法摊销

D. 企业无形资产摊销方法，应当反映与该项无形资产有关的经济利益的预期实现

方式

7. 甲公司2022年年初开始进行新产品研究开发，2022年度投入研究费用300万元，2023年度投入开发费用500万元（假定均符合资本化条件），至2024年年初获得成功，并向国家专利局提出专利权申请且获得专利权，实际发生包括注册登记费等50万元。该项专利权法律保护年限为10年，预计使用年限12年。则甲公司对该项专利权2024年度应摊销的金额为（　　）万元。

A. 5　　B. 50

C. 55　　D. 85

8. 企业2022年1月1日购入一项计算机软件程序，价款为1 170万元，其他直接相关费用11.25万元，预计使用年限为5年，法律规定有效使用年限为7年，预计净残值为零。2023年12月31日该无形资产的可收回金额为720万元，则2023年12月31日账面价值为（　　）万元。

A. 703.35　　B. 708.75

C. 720　　D. 843.75

9. 企业出售无形资产的净损失应借记的科目是（　　）。

A. 管理费用　　B. 资产处置损益

C. 其他业务成本　　D. 主营业务成本

10. 企业出租无形资产的摊销额应借记的科目是（　　）。

A. 管理费用　　B. 营业外支出

C. 其他业务成本　　D. 主营业务成本

二、多项选择题

1. 下列符合无形资产定义的有（　　）。

A. 不具有实物形态　　B. 是企业拥有或者控制的

C. 是可辨认的非货币性资产　　D. 是不可辨认的非货币性资产

2. 关于无形资产的确认，应同时满足的条件有（　　）。

A. 必须是企业外购的

B. 符合无形资产的定义

C. 其成本能够可靠地计量

D. 与该资产有关的经济利益很可能流入企业

3. 下列关于无形资产的表述中，正确的有（　　）。

A. 无形资产属于非货币性资产

B. 企业自创的商誉不作为无形资产

C. 合并中产生的商誉作为无形资产

D. 企业内部产生的品牌属于无形资产

4. 外购无形资产的成本包括（　　）。

A. 购买价款

B. 进口关税

C. 其他相关税费

D. 直接归属于使该项资产达到预定用途所发生的其他支出

5. 下列项目中，应计入无形资产成本的有（　　）。

A. 支付的购买价款　　B. 无形资产研究支出

C. 无形资产的后续支出　　D. 符合资本化条件的无形资产开发支出

6. 下列关于无形资产摊销的表述中，正确的有（　　）。

A. 无形资产摊销年限不超过 10 年

B. 使用寿命有限的无形资产残值都为零

C. 使用寿命有限的无形资产，其应摊销金额应当在使用寿命内系统合理摊销

D. 企业摊销无形资产，应当自无形资产可供使用时起，至不再作为无形资产确认时止

7. 将开发阶段有关支出予以资本化并计入无形资产成本的条件，主要包括（　　）。

A. 有足够的技术、财务等资源支持

B. 具有完成该无形资产并使用或出售的意图

C. 归属于该无形资产开发阶段的支出能够可靠计量

D. 完成该无形资产以使其能够使用或出售在技术上具有可行性

8. 下列有关无形资产的表述中，正确的有（　　）。

A. 对于使用寿命有限的无形资产，其残值一般应视为零

B. 对于无法预见无形资产为企业带来未来经济利益的期限的，应视为使用寿命不确定的无形资产

C. 如果有第三方承诺在无形资产使用寿命结束时购买该项无形资产，则企业可以预计无形资产的残值

D. 如果可以根据活跃市场得到残值信息，并且该市场在无形资产使用寿命结束时很可能存在，则企业可以预计无形资产的残值

9. 企业确定无形资产的使用寿命，应考虑的因素有（　　）。

A. 现在或潜在的竞争者预期采取的行动

B. 以该资产生产的产品或服务的市场需求情况

C. 技术、工艺等方面的现实情况及对未来发展的估计

D. 该资产通常的产品寿命周期、可获得的类似资产使用寿命的信息

10. 下列各项中，会引起无形资产账面价值发生增减变动的有（　　）。

A. 摊销无形资产成本

B. 对无形资产计提减值准备

C. 企业内部研究开发项目研究阶段的支出

D. 企业内部研究开发项目开发阶段的支出（不满足“无形资产确认条件”）

三、判断题

1. 无形资产是指企业拥有或控制的没有实物形态的可辨认及不可辨认的非货币性资产。（　　）

2. 无形资产准则规定，企业研究阶段的支出全部费用化，直接计入管理费用账户。（　　）

3. 使用寿命不确定的无形资产在持有期间内不需要摊销。（ ）

4. 企业开发阶段的支出应全部予以资本化，计入无形资产成本。（ ）

5. 企业摊销无形资产，应当自无形资产可供使用时起，至不再作为无形资产确认时止。（ ）

6. 投资者投入的无形资产成本，均应按照投资合同或协议约定的价值确定入账价值。（ ）

7. 企业转让无形资产应缴纳的增值税，应通过“税金及附加”账户核算。（ ）

8. 企业已计提减值准备的无形资产的价值如果又得以恢复，则应在已计提减值准备的范围内将计提的减值损失予以全部或部分转回。（ ）

9. 对无形资产进行摊销时，应借记管理费用等账户，贷记无形资产。（ ）

四、计算及账务处理题

1. 2022 年 1 月 1 日，甲公司外购管理用 A 无形资产，买价为 196 万元，相关税费为 4 万元，均以银行存款支付。甲公司估计 A 无形资产尚可使用年限为 5 年。2023 年 12 月 31 日，由于与 A 无形资产相关的经济因素发生不利变化，致使 A 无形资产发生价值减值。甲公司估计其可收回金额为 108 万元。2025 年 1 月 1 日，将该无形资产对外出售，取得价款 100 万元并收存银行。假定不考虑增值税等其他因素的影响。

要求：

（1）编制甲公司 2022 年 1 月 1 日购入无形资产时的会计分录。

（2）计算甲公司 2022 年该项无形资产的年摊销额。

（3）编制甲公司 2022 年 12 月 31 日对该无形资产摊销时的会计分录（假定按全年一次计提摊销）。

（4）编制甲公司 2023 年 12 月 31 日对该项无形资产计提减值准备时的会计分录。

（5）计算甲公司 2024 年该项无形资产的年摊销额。

（6）编制甲公司 2024 年 12 月 31 日对该无形资产摊销时的会计分录（假定按全年一次计提摊销）。

（7）计算甲公司 2025 年 1 月 1 日出售该无形资产的净损益。

（8）编制甲公司 2025 年 1 月 1 日出售该无形资产时的会计分录。

2. 甲股份有限公司（以下简称“甲公司”）有关新产品开发资料如下：

（1）2022 年年初，甲公司董事会决定加大新产品的开发力度，投入 3 000 万元研究开发生产甲产品的新技术。1 月份课题小组成立，在研究阶段，课题组对该新产品中涉及的材料、设备、生产工艺以及相关问题进行了深入研究，取得了许多创新性成果，为此发生了 2 000 万元相关研究费用，包括人员工资和相关福利费 300 万元，设备折旧费 200 万元，材料试剂费 600 万元，支付外部协作费 800 万元，支付零星杂费 100 万元。研究阶段结束后于 6 月末转入开发阶段。

（2）2022 年 7 月，课题小组转入开发阶段，发生研发人员人工费用 230 万元，材料费 70 万元，相关设备折旧费 500 万元，支付外部协作费 200 万元。假定进入开发阶段的支出全部满足资本化条件。

（3）2023 年 1 月，经专家鉴定，新产品开发成功，达到预想效果；经申请专利取得成功。

（4）该专利权专门用于生产甲产品，该专利有效年限15年，预计能带来经济利益5年，预计残值为零。甲公司因无法可靠确定与该专有技术有关的经济利益的预期实现方式，采用直线法摊销。

（5）2025年年末，由于其他新技术的运用，该专利出现减值的迹象，后2年使用该专利预计未来现金流量分别为190万元和180万元，无法预计出售净额。综合考虑各种因素，将折现率选定为8%。

要求：

（1）编制甲公司2022年研究阶段支出时的会计分录。

（2）编制甲公司2022年开发阶段支出时的会计分录。

（3）编制甲公司2023年新产品开发成功时的会计分录。

（4）编制甲公司2023年对无形资产进行摊销时的会计分录（假定按全年一次计提摊销）。

（5）计算甲公司2025年对该无形资产应计提的减值准备。

（6）编制甲公司2025年对该无形资产计提减值准备时的会计分录。

（7）计算甲公司2026年对该无形资产应计提的摊销额。

（8）编制甲公司2026年对无形资产进行摊销时的会计分录（假定按全年一次计提摊销）。

第八章

流动负债

一、单项选择题

1. 企业在资产负债表日，按合同利率计提短期借款利息费用时的会计处理为（　　）。

A. 借记“短期借款”科目，贷记“应付利息”科目

B. 借记“财务费用”科目，贷记“短期借款”科目

C. 借记“财务费用”科目，贷记“应付利息”科目

D. 借记“应付利息”科目，贷记“财务费用”科目

2. 假设甲公司每月月末计提利息费用，2022 年 1 月 1 日，甲公司向银行借款100 000 元，期限 6 个月，年利率 6%。按银行规定一般于每季度末收取短期借款利息，2022 年 3 月 31 日，甲公司支付短期借款本季度利息时应当编制的会计分录为(　　)。

A. 借：财务费用　500
　　贷：银行存款　500

B. 借：财务费用　1 500
　　贷：银行存款　1 500

C. 借：财务费用　1 000
　　　应付利息　500
　　贷：银行存款　1 500

D. 借：财务费用　500
　　　应付利息　1 000
　　贷：银行存款　1 500

3. 甲公司增值税采用一般计税方法，2022 年 12 月发生增值税销项税额合计86 720 元，进项税额转出 32 548 元，进项税额 33 300 元，已交增值税 70 000 元，则甲公司 2022 年 12 月转入“未交增值税”明细科目的金额为（　　）元。

A. 15 968　　B. 16 580

C. 49 128　　D. 56 692

4. 下列一般不作为流动负债核算、管理并列报的是（　　）。

A. 短期借款　　B. 预计负债

C. 应交税费　　D. 其他应付款

5. 企业不得直接计入“税金及附加”科目的税金为（　　）。

A. 消费税　　B. 资源税

C. 增值税　　D. 城市维护建设税

6. 甲公司增值税采用一般计税方法，2022 年 12 月该公司为建造办公楼领用原外购原材料 40 000 元，该原材料购入时支付的增值税税额为 5 200 元；为安装产品生产线领用原外购原材料 10 000 元，原材料购入时支付的增值税税额为 1 300 元；因火灾毁损库存商品一批，其实际成本 20 000 元，经确认损失外购材料的增值税2 600 元。则甲公司 2022 年 12 月应记

入“应交税费——应交增值税（进项税额转出）”科目的金额为（　　）元。

A. 2 600　　B. 4 680

C. 6 500　　D. 9 100

7. 委托加工的应税消费品收回后连续进行生产应税消费品的，委托方应将由受托方代扣代缴的消费税借记的会计科目是（　　）。

A. 税金及附加　　B. 受托加工物资

C. 委托加工物资　　D. 应交税费——应交消费税

8. 企业确实无法支付的应付账款，履行相关手续后应转作（　　）。

A. 递延收益　　B. 资本公积

C. 营业外收入　　D. 其他业务收入

9. 某公司增值税采用一般计税方法，转让一项商标权应交纳的流转税是（　　）。

A. 关税　　B. 增值税

C. 消费税　　D. 不用交税

10. 甲公司增值税采用一般计税方法，2022 年 12 月因火灾毁损库存材料一批，实际成本为 20 000 元，收回残料价值 800 元，保险公司赔偿 18 000 元。该公司购入该原材料时的进项税额为 2 600 元，则该批毁损原材料造成的损失净额为（　　）元。

A. 1 200　　B. 2 000

C. 3 800　　D. 4 600

11. 下列应计入“管理费用”科目的税费是（　　）。

A. 印花税　　B. 车船税

C. 土地使用税　　D. 海域使用费

12. 甲公司将自产的资源税应税矿产品用于公司的产品生产，计算出的应交资源税，应计入（　　）。

A. 生产成本　　B. 管理费用

C. 税金及附加　　D. 主营业务成本

13. 企业按规定计算缴纳的下列税金，应当计入相关资产成本的是（　　）。

A. 印花税　　B. 车辆购置税

C. 土地使用税　　D. 城市维护建设税

14. 2022 年 12 月甲公司实际应上交增值税 40 000 元、消费税 20 000 元、土地增值税 20 000 元。该公司适用的城市维护建设税税率为 7%，则该公司 2022 年 12 月应交的城市维护建设税为（　　）元。

A. 4 200　　B. 5 600

C. 7 000　　D. 8 400

15. 下列各项中，不属于其他应付款核算范围的有（　　）。

A. 应付排污违规的罚款　　B. 应付投标企业的保证金

C. 应付原材料供应商的货款　　D. 应付出租包装物收取的押金

16. 甲公司增值税采用一般计税方法，2022 年 10 月该公司收购免税农产品一批，实际收购金额 200 000 元，另发生入库前的挑选整理费用 10 000 元，该农产品适用 9% 的增值税税率，则应计入“应交税费——应交增值税（进项税额）”科目借方的金额为（　　）元。

A. 0
B. 10 000
C. 18 000
D. 21 000

17. 甲公司增值税采用一般计税方法，2022 年 9 月甲公司出售房屋一栋，取得价款 218 000 元（含增值税）存入银行，该房屋原值 490 000 元，已提折旧 288 000 元，已提固定资产减值准备 2 000 元，出售过程中支付清理费 4 200 元。销售该房屋适用的增值税税率为 9%，则其应交税费——应交增值税（销项税额）为（　　）元。

A. 1 140
B. 6 000
C. 7 100
D. 18 000

18. 下列各项职工薪酬中，不应根据职工提供服务的受益对象分配计入相关资产成本或费用的是（　　）。

A. 辞退福利
B. 工会经费
C. 养老保险费
D. 职工福利费

19. 甲公司增值税采用一般计税方法，适用的增值税税率为 13%。2022 年 1 月甲公司董事会决定将本公司生产的 500 件产品作为福利发放给公司管理人员。该批产品的单件成本为 1.2 万元，市场销售价格为每件 2 万元（不含增值税）。不考虑其他相关税费，甲公司在 2022 年因该项业务应计入管理费用的金额为（　　）万元。

A. 600
B. 730
C. 1 000
D. 1 130

20. 下列各项中，不应通过“应付职工薪酬”科目核算的是（　　）。

A. 住房公积金
B. 教育费附加
C. 非货币性福利
D. 工会经费和职工教育经费

二、多项选择题

1. 下列各项中，属于企业流动负债的有（　　）。

A. 借款计划
B. 应付的货款
C. 应付职工工资
D. 应交的教育费附加

2. 下列关于应付账款的处理中，正确的有（　　）。

A. 应付账款一般按到期应付金额的现值入账
B. 到期未能兑付的应付票据（商业承兑汇票）应转为应付账款
C. 月份终了时，对于货物已到但发票账单尚未到达的事项必须按暂估价入账
D. 赊购附有现金折扣条件的，其形成的应付账款的入账金额不得扣除可能享有的现金折扣

3. 下列属于企业在“应交税费——应交增值税”科目借方设置的专栏有（　　）。

A. 已交税金
B. 进项税额
C. 销项税额
D. 进项税额转出

4. 增值税采用一般计税方法企业的下列事项中，需要进行进项税额转出处理的有（　　）。

A. 自制产成品用于集体福利
B. 库存商品因地震发生严重毁损

C. 外购的货物发生管理性非正常损失

D. 外购的生产用原材料改用于非应税项目

5. 下列各项中，属于应付职工薪酬中的“短期薪酬”核算内容的有（　　）。

A. 辞退福利　　B. 职工福利费

C. 住房公积金　　D. 职工教育经费

6. 企业交纳的下列税费中，应通过“应交税费”科目核算的有（　　）。

A. 印花税　　B. 耕地占用税

C. 教育费附加　　D. 城市维护建设税

7. 下列各项中，应计入企业相关固定资产价值的有（　　）。

A. 契税　　B. 车船税

C. 房产税　　D. 车辆购置税

8. 下列各项中，应计入企业“税金及附加”的税费有（　　）。

A. 房产税　　B. 印花税

C. 土地使用税　　D. 耕地占用税

9. 下列各项中，应通过“应付职工薪酬”科目核算的有（　　）。

A. 职工工资　　B. 职工的社会保险费

C. 解除劳务关系给予的补偿　　D. 提供给职工的非货币性福利

10. 下列各项税费中，可以计入“税金及附加”科目的有（　　）。

A. 增值税　　B. 教育费附加

C. 城市维护建设税　　D. 海域使用费

11. 下列各项中，应通过“长期应付款”科目核算的有（　　）。

A. 应付税收滞纳金

B. 应付设备租赁款

C. 应付补偿贸易方式的引进设备款

D. 实质上具有融资性质的延期付款购买固定资产

12. 下列应按流转税（增值税和消费税）税额作为计算基础的税费有（　　）。

A. 资源税　　B. 土地增值税

C. 教育费附加　　D. 城市维护建设税

13. 下列各项中，属于职工薪酬中所界定的职工的有（　　）。

A. 董事　　B. 全职职工

C. 劳务用工合同人员　　D. 内部审计委员会成员

14. 甲公司增值税采用一般计税方法，委托外单位加工一批材料（属于应税消费品，且为非金银首饰）。该批原材料加工收回后用于连续生产应税消费品。甲公司发生的下列各项支出中，会增加收回委托加工材料实际成本的有（　　）。

A. 支付的加工费　　B. 支付的增值税

C. 支付的运杂费　　D. 支付的消费税

15. 下列各项中，应纳入职工薪酬核算的有（　　）。

A. 工会经费

B. 职工养老保险费

C. 职工住房公积金

D. 因解除与职工的劳动关系给予的补偿

16. 下列各项中，属于离职后福利的有（　　）。

A. 生育保险费　　B. 失业保险费

C. 基本医疗保险费　　D. 基本养老保险费

17. 下列人员的薪酬中，应直接计入当期损益的有（　　）。

A. 董事会成员　　B. 监事会成员

C. 生产车间工人　　D. 公司总部管理人员

18. 企业的离职福利主要包括（　　）。

A. 期权激励计划　　B. 辞退福利计划

C. 设定提存计划　　D. 设定受益计划

19. 下列有关辞退福利的说法中，正确的有（　　）。

A. 辞退福利是离职后福利的一种形式

B. 辞退福利是一种提前解除劳动合同的经济补偿

C. 确认辞退福利义务的同时，应确认为一项“管理费用”

D. 辞退福利义务不能等到实际支付职工辞退补偿金时才予以确认

三、判断题

1. 偿还期在一年以内的负债为流动负债，超过一年的为长期负债。（　　）

2. 企业计提的短期借款利息一般应借记“财务费用”科目，贷记“短期借款”科目。（　　）

3. 应付票据核算的内容与企业因购买材料、商品和接受劳务供应等而开出并承兑的商业汇票和银行汇票相关。（　　）

4. 企业购入货物验收入库后，若发票账单尚未收到，应在月末按照估计的金额确认一笔负债反映在资产负债表有关负债项目内。（　　）

5. 企业的流动负债都属于金融负债。（　　）

6. 合同负债虽然与应付账款均属于负债项目，但与应付账款不同，它通常不需要以货币偿付。（　　）

7. 企业应交纳的消费税属于价内税，通常与企业的损益相关。（　　）

8. 企业购入固定资产和工程物资所支付的增值税均必须计入采购成本，不得作为企业销项税额的抵扣。（　　）

9. “应付职工薪酬”科目仅核算企业提供给在职职工的短期薪酬。（　　）

10. 企业以自己生产的产品用于在建工程，既不需要反映销售收入，也不需要交纳增值税。（　　）

11. 增值税采用简易计税方法的企业购入货物所支付的增值税，无论是否取得增值税专用发票，均应计入所购货物的成本。（　　）

12. 增值税采用简易计税方法的企业销售应税货物或提供应税劳务只能按不含增值税的金额反映销售收入。（　　）

13. 企业按规定计提的所有人员的辞退福利一律列作企业的管理费用。（　　）

14. 企业的工会经费和职工教育经费属于“职工薪酬”核算的范围。（　）

15. 工程项目领用本企业的原材料必须进行相应的进项税额转出处理。（　）

16. 非常损失造成的存货盘亏，其相应的原进项税额不一定都要进行进项税额转出处理。（　）

17. 对于所有辞退福利，均应于辞退计划满足职工薪酬准则预计负债确认条件的当期，计入费用或者相关资产的成本。（　）

18. 企业向税务机关交纳的增值税一律通过“应交税费——应交增值税（已交税金）”科目核算。（　）

19. 企业发放的非货币性福利不必通过“应付职工薪酬”科目核算。（　）

20. 预计累积带薪缺勤在未来有支付义务的，应在职工提供服务时予以确认与计量。（　）

四、计算及账务处理题

1. 2022 年 2 月 5 日，甲公司以赊销方式出售 A 产品一批给乙公司，货款（价税合计）226 000 元。双方约定，乙公司应于 2022 年 9 月 30 日付款。2022 年 4 月 1 日，甲公司因急需流动资金，经与中国银行协商，以应收乙公司货款为质押取得 3 个月期限的流动资金借款 200 000 元，年利率为 6%，利息月末计提，到期一次还本付息。假定不考虑其他因素。

要求：

（1）编制甲公司 2022 年 4 月 1 日取得短期借款时的会计分录。

（2）编制甲公司 2022 年 4 月 30 日计提短期借款利息时的会计分录。

（3）编制甲公司 2022 年 5 月 31 日计提短期借款利息时的会计分录。

（4）编制甲公司 2022 年 6 月 30 日偿付短期借款本息时的会计分录。

2. 甲公司增值税采用一般计税方法，适用的增值税税率为 13%，2022 年 5 月初“应交税费——未交增值税”科目贷方余额为 15 000 元（即欠缴增值税税款），2022 年 5 月发生下列相关业务（假定购进货物的增值税进项税额均得到税务机关认证，职工俱乐部为非应税项目）：

（1）5 月 5 日购入一批原材料，取得的增值税专用发票中注明的价款为 150 000 元，增值税税额为 19 500 元，以银行存款支付，材料已验收入库（采用实际成本核算）。

（2）5 月 8 日销售一批应税消费品，增值税专用发票中注明的价款为 300 000 元，增值税税额为 39 000 元，收到的款项存入银行，消费税适用税率为 10%。

（3）5 月 10 日领用原材料一批用于工程建设（厂房工程和职工俱乐部工程各耗用 50%），材料实际成本为 60 000 元，购入时核算的增值税进项税额为 7 800 元。

（4）5 月 13 日出售一项不动产，其账面价值为 270 000 元（原价 300 000 元，已计提折旧 30 000 元），收到款项 327 000 元（含增值税）存入银行，适用的增值税税率为 9%。

（5）5 月 15 日以银行存款购入不需安装生产用设备一台，取得的增值税专用发票中注明的价款为 100 000 元，增值税税额为 13 000 元，已验收并投入使用。

（6）5 月 20 日在建职工俱乐部工程领用本公司生产的产成品一批，生产成本 80 000 元，正常对外不含税售价 100 000 元。

（7）5 月 31 日以银行存款向税务机关预交本月增值税 20 000 元，上交上月欠缴增值税

15 000 元，上交消费税 30 000 元。

（8）5 月 31 日计算并结转当月多交或应交未交增值税。

（9）5 月 31 日计提本月应交城市维护建设税 5 630 元，教育费附加 2 413 元，车船税 2 000 元，房产税 4 000 元，土地使用税 5 000 元。

（10）5 月 31 日以银行存款支付印花税 1 500 元。

要求（应交税费科目注明其明细科目）：

（1）编制甲公司 2022 年 5 月 5 日购入原材料时的会计分录。

（2）编制甲公司 2022 年 5 月 8 日销售应税消费品时的会计分录（编制两笔会计分录）。

（3）编制甲公司 2022 年 5 月 10 日领用原材料用于厂房和职工俱乐部工程建设时的会计分录。

（4）编制甲公司 2022 年 5 月 13 日出售不动产时的会计分录。

（5）编制甲公司 2022 年 5 月 15 日购入设备时的会计分录。

（6）编制甲公司 2022 年 5 月 20 日在建职工俱乐部工程领用本公司产成品时的会计分录。

（7）编制甲公司 2022 年 5 月 31 日缴纳相关流转税时的会计分录。

（8）计算甲公司 2022 年 5 月 31 日应结转当月多交或应交未交增值税并编制会计分录。

（9）编制甲公司 2022 年 5 月 31 日计提附加税费及其他税金时的会计分录。

（10）编制甲公司 2022 年 5 月 31 日缴纳印花税时的会计分录。

3. 甲公司增值税采用一般计税方法，2022 年 11 月 30 日发生如下职工薪酬业务：

（1）计算分配本月应付职工工资总额 1 000 000 元（其中生产工人工资 600 000 元，车间管理人员工资 120 000 元，厂部管理部门人员工资 200 000 元，销售人员工资 50 000 元，在建工程人员工资 30 000 元）。

（2）月末分别按工资总额的 8%、20%、2%、10.5%、2%和 2.5%计提医疗保险费、基本养老保险费、失业保险费、住房公积金、工会经费和职工教育经费。

（3）公司代扣职工个人所得税 30 000 元，并将其余基本应付工资 970 000 元通过开户银行支付至职工工资卡中。

（4）公司以银行存款向社会保险征收部门支付计提的医疗保险费 80 000 元、养老保险费 200 000 元和失业保险费 20 000 元，向住房公积金管理中心支付计提的住房公积金 105 000 元，向工会支付计提的工会经费 20 000 元。

（5）公司以自产 A 产品作为福利发放给公司每名职工（假定该公司拥有职工 100 名），该产品的生产成本为 8 000 元/件，市场不含税售价为 10 000 元/件，适用的增值税税率为 13%，该公司职工的构成为生产工人 60 人，车间管理人员 12 人，厂部管理部门人员 20 人，销售人员 5 人，在建工程人员 3 人。

（6）该公司提前辞退部分劳动用工合同未到期职工，辞退方案已与相关人员沟通，并经董事会批准。该部分职工自下月起停止上班，辞退职工的补偿总金额为 300 000 元，将于停止上班之日一次性发放。

要求（应付职工薪酬科目注明其明细科目）：

（1）编制甲公司 2022 年 11 月 30 日分配职工工资时的会计分录。

（2）编制甲公司 2022 年 11 月 30 日计提医疗保险费、养老保险费、失业保险费、住房公积金、工会经费和职工教育经费时的会计分录。

（3）编制甲公司 2022 年 11 月 30 日代扣个人所得税并支付工资时的会计分录。

（4）编制甲公司 2022 年 11 月 30 日以银行存款向社会保险部门支付计提的医疗保险费、养老保险费和失业保险费，向住房公积金管理中心支付计提的住房公积金，向工会支付计提的工会经费时的会计分录。

（5）编制甲公司 2022 年 11 月 30 日以自产 A 产品作为福利发放给公司每名职工时的会计分录。

（6）编制甲公司 2022 年 11 月 30 日计提辞退福利时的会计分录。

4. 甲公司增值税采用一般计税方法，现有员工 1 000 人，其中车间工人 700 人，车间管理人员 100 人，总部行政管理人员 200 人。2022 年 12 月甲公司发生以下非货币性福利业务：

（1）12 月 31 日为每位员工发放一台小电器（该电器为本公司产品）作为福利，小电器成本 900 元，每台不含税售价 1 000 元，适用的增值税税率为 13%。

（2）公司为总部各部门经理级别以上职工提供汽车免费使用，该公司总部共有部门经理以上职工 10 名，每人提供一辆捷达汽车免费使用，每辆捷达汽车每月计提折旧 1 500 元，市场上相同汽车每辆每月租金 3 000 元。

（3）公司为副总裁以上高级管理人员每人租赁一套面积为 200 平方米带有家具和电器的公寓供其免费使用。该公司共有副总裁以上高级管理人员 3 名，每套公寓的月租金为 15 000 元，以转账支票支付。

要求：

（1）编制甲公司 2022 年 12 月 31 日为职工发放小电器时的会计分录。

（2）编制甲公司 2022 年 12 月 31 日因给予总部各部门经理级别以上职工提供汽车免费使用时的会计分录（假定不考虑相关税费）。

（3）编制甲公司 2022 年 12 月 31 日因给予副总裁以上高级管理人员租赁公寓免费使用时的会计分录（假定不考虑相关税费）。

第九章

非流动负债

一、单项选择题

1. 资产负债表日，按摊余成本和实际利率计算确定的长期借款利息费用，不能借记的科目是（　　）。

A. 在建工程　　B. 财务费用

C. 研发支出　　D. 营业外支出

2. 甲公司于2022年1月1日折价发行4年期，到期一次还本付息的公司债券，债券面值为100万元，票面年利率为10%，发行价格为90万元，实际利率为12%。该债券甲公司2022年度应确认的利息费用为（　　）万元。

A. 6.5　　B. 7.5

C. 10　　D. 10.8

3. 甲公司于2022年1月1日发行面值总额为1 000万元，期限为5年的债券，该债券票面年利率为6%，每年年初付息、到期一次还本，发行价格总额为1 043.27万元，利息调整采用实际利率法摊销，实际利率为5%。2022年12月31日，该应付债券的账面余额为（　　）万元。

A. 1 000　　B. 1 035.43

C. 1 060　　D. 1 095.43

4. 甲公司2022年1月1日按面值发行三年期可转换公司债券，每年1月1日付息、到期一次还本，面值总额为10 000万元，票面年利率为4%，实际利率为6%。债券包含的负债成分的公允价值为9 465.40万元。甲公司按实际利率法确认利息费用。甲公司发行此项债券时应确认的“其他权益工具”的金额为（　　）万元。

A. 0　　B. 267.93

C. 534.60　　D. 9 800

5. 在确定借款费用资本化金额时，与专门借款有关的利息收入应（　　）。

A. 计入营业外收入　　B. 冲减当期财务费用

C. 冲减所购建固定资产的成本　　D. 冲减借款费用资本化的金额

6. 甲公司2022年7月1日为新建生产车间而向商业银行借入专门借款2 000万元，年利率为4%，款项已存入银行。截至2022年12月31日，因建筑地面上建筑物的拆迁补偿问题尚未解决，建筑地面上原建筑物尚未开始拆迁；该项借款存入银行所获得的利息收入为19.8万元。甲公司2022年就上述借款应予以资本化的利息为（　　）万元。

A. 0　　B. 0.2

C. 20.2　　D. 40

7. 符合资本化条件的资产在购建或生产过程中借款费用应（　　）。

A. 发生非正常中断暂停资本化

B. 中断期间发生的确认为费用，计入当期损益

C. 发生非正常中断且中断连续超过3个月暂停资本化

D. 中断后，借款费用无论将来是否继续进行购建或生产，一律不得资本化

8. 甲公司股东大会于2022年1月4日作出决议，决定建造厂房。为此，甲公司于3月5日向银行专门借款5 000万元，年利率为6%，款项于当日划入甲公司银行存款账户。3月15日，厂房正式动工兴建。3月16日，甲公司购入建造厂房用水泥和钢材一批，价款500万元，当日用银行存款支付。3月31日，计提当月专门借款利息。甲公司对该专门借款利息应开始资本化的时间为（　　）。

A. 3月5日　　B. 3月15日

C. 3月16日　　D. 3月31日

二、多项选择题

1. 下列各项中，属于非流动负债的有（　　）。

A. 应付债券　　B. 租赁负债

C. 长期应付款　　D. 递延所得税负债

2. 下列关于可转换公司债券的表述中，正确的有（　　）。

A. 可转换公司债券在转换为股票之前，应按期计提利息，并摊销利息调整

B. 在我国符合《公司法》规定发行条件的公司，经批准可以发行可转换公司债券

C. 发行的可转换公司债券在转换时应将被转换债券的账面价值作为换发股票的价值，不确认转换损益

D. 企业发行的可转换公司债券，应当在初始确认时将其包含的负债成分和权益成分进行分拆，将负债成分确认为应付债券，将权益成分确认为其他权益工具

3. 下列各项中，属于借款费用的有（　　）。

A. 借款手续费　　B. 发行公司债券发生的溢价

C. 发行公司债券而发生的利息　　D. 因外币借款而发生的汇兑差额

4. 下列情况不能表明“为使资产达到预定可使用或者可销售状态所必要的购建或者生产活动已经开始”的有（　　）。

A. 购入工程物资

B. 厂房的实体建造活动开始

C. 建造生产线的主体设备的安装

D. 为建写字楼购入了建筑用地，但尚未开工

5. 企业为购建固定资产专门借入的款项所发生的借款费用，停止资本化的时点有（　　）。

A. 所购建固定资产与设计要求或合同要求相符或基本相符

B. 固定资产的实体建造工作已经全部完成或实质上已经完成时

C. 继续发生在所购建固定资产上的支出金额很少或者几乎不再发生时

D. 需要试生产的固定资产在试生产结果表明资产能够正常生产出合格产品时

6. 下列专门借款费用，涉及“财务费用”科目核算的有（　　）。

A. 符合资本化条件的资产完工后发生的专门借款本金及利息汇兑差额

B. 符合资本化条件的资产在购建过程中发生正常中断连续超过 3 个月的，其中断期间发生的借款费用

C. 符合资本化条件的资产在购建过程中发生非正常中断连续超过 3 个月的，其中断期间发生的借款费用

D. 符合资本化条件的资产在购建过程中发生非正常中断连续超过 3 个月的，其中断期间闲置资金产生的利息收入

7. 在借款费用资本化期间内，为购建或者生产符合资本化条件的资产占用了一般借款的，其资本化金额的计算处理方法正确的有（　　）。

A. 一般借款属外币借款的，其本金和利息所产生的汇兑差额应作为财务费用，计入当期损益

B. 一般借款加权平均利率 = 所占用一般借款当期实际发生的利息之和 ÷ 所占用一般借款本金加权平均数

C. 应当根据累计资产支出加权平均数乘以所占用一般借款的资本化率，计算确定一般借款应予资本化的利息金额

D. 应当根据累计资产支出超过专门借款部分的资产支出加权平均数乘以所占用一般借款的资本化率，计算确定一般借款应予资本化的利息金额

三、判断题

1. 企业长期借款所发生的利息支出，应在实际支出时计入在建工程成本或计入当期损益。（　　）

2. 债券的发行价格主要取决于债券未来现金流量的现值。（　　）

3. 对分期付息债券，若采用实际利率法对公司溢价发行的债券摊销，因为债券的账面价值逐期减少，所以溢价摊销额也逐期减少。（　　）

4. 借款费用是指企业因借款而发生的利息及其相关成本。（　　）

5. 符合资本化条件的资产，是指需要经过相当长时间的购建才能达到预定可使用状态的固定资产。（　　）

6. 外币专门借款及其利息所产生的汇兑差额应当予以资本化，计入固定资产的成本。（　　）

7. 借款费用资本化期间是指从借款费用开始资本化时点到停止资本化时点的整个期间。（　　）

四、计算及账务处理题

1. 恒通公司拟建造一栋厂房，预计工期为 2 年，有关资料如下：

（1）恒通公司于 2022 年 1 月 1 日为该项工程专门借款 3 000 万元，借款期限为 3 年，年利率 6%，利息按年支付。

（2）工程建设期间占用了两笔一般借款，具体如下：

①2021 年 12 月 1 日向某银行借入长期借款 4 000 万元，期限为 3 年，年利率为 9%，利息按年于每年年初支付。

②2022 年 7 月 1 日按面值发行 5 年期公司债券 3 000 万元，票面年利率为 8%，利息按年于每年年初支付，款项已全部收存银行。

（3）工程于 2022 年 1 月 1 日开始动工兴建，工程采用出包方式建造，当日支付工程款 1 500 万元。工程建设期间的支出情况如下：

2022 年 7 月 1 日：3 000 万元；

2023 年 1 月 1 日：2 000 万元；

2023 年 7 月 1 日：3 000 万元；

截至 2023 年年末，工程尚未完工。其中，由于施工质量问题工程于 2022 年 8 月 1 日～11 月 30 日停工 4 个月。

（4）专门借款中未支出部分全部存入银行，假定月利率为 0.5%。假定全年按照 360 天计算，每月按照 30 天计算。

要求（计算相关金额时单位用万元表示）：

（1）计算恒通公司 2022 年利息资本化金额。

（2）计算恒通公司 2022 年利息费用化金额。

（3）编制恒通公司 2022 年 12 月 31 日计提借款利息时的会计分录。

（4）计算恒通公司 2023 年利息资本化金额。

（5）计算恒通公司 2023 年利息费用化金额。

（6）编制恒通公司 2023 年 12 月 31 日计提借款利息时的会计分录。

2. 盛发公司为了日常生产经营活动于 2022 年 9 月 30 日从建设银行借入资金 500 万元，借款期为 3 年，年利率为 6%（自 2023 年 9 月 30 日开始每年付息一次，到期还本）。所借款项已存入银行。企业用该借款于当日购入不需要安装的生产设备一台，该设备购买价格 400 万元，增值税税额 52 万元（可以抵扣），另支付相关杂费及保险费 40 万元。盛发公司每季度末计提利息。

要求：

（1）编制盛发公司 2022 年 9 月 30 日取得借款时的会计分录。

（2）编制盛发公司 2022 年 9 月 30 日支付设备款和相关杂费及保险费时的会计分录。

（3）编制盛发公司 2022 年 12 月 31 日计提借款利息时的会计分录。

（4）编制盛发公司 2023 年 9 月 30 日支付借款利息时的会计分录。

（5）编制盛发公司 2025 年 9 月 30 日到期还本并支付最后一年利息时的会计分录。

3. 大海公司经批准于 2022 年 1 月 1 日发行两年期面值为 100 元的债券 300 000 张，债券年票面利率为 3%，每年 7 月 1 日和 12 月 31 日付息两次，到期时归还本金和最后一次利息。该债券发行收款为 2 942.82 万元，债券实际半年利率为 2%。该债券所筹资金全部用于新生产线的建设，该生产线于 2022 年 6 月底完工交付使用。债券溢折价采用实际利率法摊销，每年 6 月 30 日和 12 月 31 日计提利息。

要求（保留整数）：

（1）编制大海公司 2022 年 1 月 1 日发行债券时的会计分录。

（2）编制大海公司 2022 年 6 月 30 日计提债券利息时的会计分录。

（3）编制大海公司 2022 年 7 月 1 日支付债券利息时的会计分录。

（4）编制大海公司 2022 年 12 月 31 日计提债券利息时的会计分录。

（5）编制大海公司 2023 年 1 月 1 日支付债券利息时的会计分录。

（6）编制大海公司 2023 年 6 月 30 日计提债券利息时的会计分录。

（7）编制大海公司 2023 年 7 月 1 日支付债券利息时的会计分录。

（8）编制大海公司 2023 年 12 月 31 日计提债券利息时的会计分录。

（9）编制大海公司 2024 年 1 月 1 日支付债券本金和利息时的会计分录。

4. 2022 年 1 月 1 日，甲公司以 512 万元的价格发行面值 500 万元的债券用于补充生产经营所需流动资金，期限 4 年，票面利率 8%，实际利率为 6.5537%，到期一次还本付息。

要求（会计分录金额保留整数）：

（1）计算并填列下表（计算中小数点四舍五入造成差异在最后一年调整，金额单位用万元表示）。

计息日期	应计利息 ① = 面值 ×8%	利息费用 ② = 上期 ⑤ ×6.5537%	摊销的利息调整 ③ = ① - ②	未摊销的利息调整 ④ = 上期④ - ③	应付债券摊余成本 ⑤ = 上期⑤ + ① - ③
2022.1.1					
2022.12.31					
2023.12.31					
2024.12.31					
2025.12.31					

（2）编制甲公司 2022 年 1 月 1 日发行债券时的会计分录。

（3）编制甲公司 2022 年 12 月 31 日计息时的会计分录。

（4）编制甲公司 2023 年 12 月 31 日计息时的会计分录。

（5）编制甲公司 2024 年 12 月 31 日计息时的会计分录。

（6）编制甲公司 2025 年 12 月 31 日计息时的会计分录。

（7）编制甲公司 2026 年 1 月 1 日到期还本付息时的会计分录。

第十章

所有者权益

一、单项选择题

1. 公司制企业法定盈余公积的累计额已达注册资本的一定比例时，可以不再提取，此比例为（　　）。

A. 35%　　B. 50%

C. 25%　　D. 40%

2. 企业用当年实现的利润弥补以前年度经营亏损时，应编制的会计分录为（　　）。

A. 借记“本年利润”科目，贷记“利润分配——未分配利润”科目

B. 借记“利润分配——未分配利润”科目，贷记“本年利润”科目

C. 借记“利润分配——未分配利润”科目，贷记“利润分配——未分配利润”科目

D. 无需专门作会计处理

3. 甲公司于2022年成立（假定该企业所得税税率为25%），当年发生亏损100万元，2023~2027年每年实现利润总额为18万元，2028年实现利润总额为35万元。除弥补亏损外，假定不考虑纳税调整事项和递延所得税。则2028年12月31日甲公司“利润分配——未分配利润”科目的贷方余额为（　　）万元。

A. 0　　B. 16.25

C. 25　　D. 26.25

4. 2022年12月31日甲公司所有者权益构成情况如下：实收资本650万元，资本公积360万元，盈余公积200万元，未分配利润150万元。则甲公司2022年12月31日留存收益为（　　）万元。

A. 350　　B. 710

C. 1 010　　D. 150

5. 企业接受其他单位的现金捐赠，应计入（　　）。

A. 营业外收入　　B. 盈余公积

C. 资本公积　　D. 未分配利润

6. 甲公司2022年年初所有者权益总额为160万元，当年以其中的资本公积转增资本50万元。当年实现净利润300万元，提取盈余公积30万元，向投资者分配利润50万元。该企业2022年年末所有者权益总额为（　　）万元。

A. 360　　B. 410

C. 440　　D. 460

7. 甲公司2022年委托乙证券公司发行股票1 000万股，每股面值1元，每股发行价格8元，向证券公司支付佣金150万元，向律师事务所支付法律服务费20万元。甲公司应贷记“资本公积——股本溢价”科目的金额为（　　）万元。

A. 6 830　　B. 6 850

C. 6 980　　D. 7 000

8. 下列交易或事项涉及“资本公积——其他资本公积”的是（　　）。

A. 以权益结算的股份支付

B. 接受新投资者以固定资产或无形资产投资

C. 长期股权投资权益法核算时被投资方有直接计入所有者权益的利得

D. 以公允价值计量且其变动计入其他综合收益的金融资产持有期间的利得

9. 下列各项中，表述正确的是（　　）。

A. “资本公积”都可以转增资本

B. 其他综合收益都可以重分类进损益

C. 企业发行的优先股只能归类为权益工具

D. 可转换公司债券中的权益成分部分应当计入其他权益工具

10. 乙有限责任公司由A、B两个股东各出资50万元而设立，设立时实收资本为100万元，经过三年营运，该公司盈余公积和未分配利润合计为50万元，这时C投资者有意参加，经各方协商以100万元出资占其出资前乙有限责任公司所有者权益总额的1/3，该公司在接受C投资者投资时，应借记“银行存款”科目100万元，贷记（　　）。

A. “实收资本”科目100万元

B. “实收资本”科目75万元，“资本公积”科目25万元

C. “实收资本”科目60万元，“资本公积”科目40万元

D. “实收资本”科目50万元，“资本公积”科目50万元

二、多项选择题

1. 下列各项中，能同时引起资产和所有者权益发生增减变化的有（　　）。

A. 派发股票股利　　B. 投资者投入资本

C. 用盈余公积弥补亏损　　D. 向非关联方企业捐赠现金

2. 企业弥补亏损的渠道有（　　）。

A. 用股本补亏　　B. 用盈余公积弥补

C. 用资本公积弥补　　D. 用以后年度税后利润弥补

3. 下列各项中，可能引起资本公积变动的有（　　）。

A. 用资本公积转增资本

B. 企业接受投资者投入的资本

C. 处置采用权益法核算的长期股权投资

D. 与发行权益性证券直接相关的手续费、佣金等交易费用

4. 下列各项，不通过“资本公积”科目核算的有（　　）。

A. 股本溢价　　B. 罚款所得

C. 资本溢价　　D. 接受现金捐赠

5. 公司发行股票支付的手续费、佣金等发行费用，有可能作出的会计处理有（　　）。

A. 从溢价中抵销　　B. 计入财务费用

C. 冲减盈余公积　　D. 冲减未分配利润

6. 下列业务中会引起企业“留存收益”总额增减变化的有（　　）。

A. 提取盈余公积　　B. 以资本公积转增资本

C. 以盈余公积转增资本　　D. 股东大会宣告分配现金股利

7. 下列各项中，属于所有者权益的有（　　）。

A. 盈余公积　　B. 实收资本

C. 存货跌价准备　　D. 直接计入所有者权益的利得

8. 导致企业实收资本或股本增加的途径包括（　　）。

A. 发放股票股利　　B. 接受投资者的无形资产投资

C. 经批准用盈余公积转增股本　　D. 大股东转让持有的企业股权

9. 下列各项中，属于其他综合收益核算的内容有（　　）。

A. 直接计入所有者权益的利得

B. 直接计入所有者权益的损失

C. 企业收到投资者按注册资本比例计算的出资额

D. 企业收到投资者出资额超出其在注册资本或股本中所占份额的部分

10. 下列应在“其他综合收益”科目核算的有（　　）。

A. 以权益结算的股份支付

B. 收到投资者投入的现金超过投资者享有的本企业股票面值的部分

C. 以公允价值计量且其变动计入其他综合收益的金融资产的公允价值变动

D. 长期股权投资采用权益法核算的，享有被投资单位其他综合收益变动的份额

11. 盈余公积的用途包括（　　）。

A. 弥补亏损　　B. 转增资本

C. 发放职工福利　　D. 用作管理部门的办公资金

12. 下列各项中，会引起留存收益总额发生减少变动的有（　　）。

A. 盈余公积补亏　　B. 盈余公积转增资本

C. 资本公积转增资本　　D. 分配现金股利和股票股利

13. 未分配利润的用途包括（　　）。

A. 发放现金股利　　B. 发放股票股利

C. 企业发展资金的来源　　D. 弥补日后可能出现的亏损

三、判断题

1. 股份有限公司委托其他单位发行股票的手续费和佣金等费用，应先从发行股票的溢价收入中将费用抵销，如果发行股票的溢价不够抵销或无溢价，将费用计入财务费用。（　　）

2. 企业用当年实现的利润弥补以前年度亏损时，应编制专门的会计分录。（　　）

3. 溢价发行股票情况下，股份有限公司的股本是股票面值与股份总数的乘积。（　　）

4. 企业以盈余公积向投资者分配现金股利，不会引起留存收益总额的变动。（　　）

5. 甲公司年初有未弥补亏损 20 万元，当年实现净利润 12 万元，该公司该年不应提取法定盈余公积。（ ）

6. 经股东大会表决，公司可以在持续亏损的情况下用股本来弥补亏损。（ ）

7. 可供投资者分配的利润在提取任意盈余公积之前，应先支付普通股股利。（ ）

8. 法定盈余公积是根据《公司法》的规定由董事会决定后计提，任意盈余公积也必须根据《公司法》规定的比例来提取。（ ）

9. 所有者权益在数量上等于企业资产减去负债后的余额。（ ）

10. “利润分配——未分配利润”科目的年末借方余额，反映企业历年累积未弥补亏损的数额。（ ）

11. 企业不能用盈余公积分配现金股利。（ ）

12. 未分配利润的用途较为灵活，既可以用于股利的发放，也可以留作企业的发展基金。（ ）

13. 投资者投入非现金资产的入账价值，应当按照投资合同或协议约定的价值确定，但合同或协议约定价值不公允的除外。（ ）

14. 长期股权投资采用权益法核算时，应按持股比例将被投资单位其他综合收益项目增减变动记入“其他综合收益”科目。（ ）

15. 年度终了，“利润分配”科目所属明细科目中，除了“未分配利润”明细科目可能有余额外，其他明细科目均应无余额。（ ）

16. 资本公积经批准后可用于派发现金股利。（ ）

17. 企业增发新股，股本或实收资本金额增加，但是所有者权益总额不发生变化。（ ）

18. 收入能够导致企业所有者权益增加，但导致所有者权益增加的不一定是收入。（ ）

四、计算及账务处理题

1. 蓝海股份有限公司 2022 年委托乙证券公司代理发行普通股 500 000 股，每股面值 1 元，每股发行价格 4.8 元，并约定发行成功后按发行收入的 1.5% 向乙证券公司支付发行费用（发行费用从发行收入中直接抵扣）。假设此次股票发行成功，发行股款已全部划入蓝海股份有限公司的银行账户，不考虑税收等因素。

要求：

（1）计算蓝海公司应确认的资本公积金额。

（2）编制蓝海公司 2022 年发行股票的会计分录。

2. 长发公司 2022 年 12 月 31 日的股本为 80 000 万股，每股面值为 1 元，资本公积（股本溢价）10 000 万元，盈余公积 7 000 万元，未分配利润 10 000 万元。经股东大会批准，长发公司以银行存款回购本公司股票 9 000 万股并注销。

要求：

（1）假定每股回购价为 0.9 元，编制长发公司回购股票和注销股票的会计分录。

（2）假定每股回购价为 1.8 元，编制长发公司回购股票和注销股票的会计分录。

（3）假定每股回购价为 3 元，编制长发公司回购股票和注销股票的会计分录。

3. 开源公司属于制造业有限责任公司，其增值税采用一般计税方法，适用的增值税税率为13%，由甲、乙、丙三位股东于2022年12月31日共同出资设立，注册资本2 000万元。出资协议约定，甲、乙、丙三位股东出资比例分别为40%、35%和25%。有关资料如下：

（1）2022年12月31日三位股东的出资方式及出资额如下表所示（不考虑税费的影响。单位：万元）：

出资者	银行存款	固定资产	无形资产	合计
甲	600	80	120	800
乙	580	120		700
丙	500			500
合计	1 680	200	120	2 000

（2）2023年甲公司实现净利润900万元，宣告分派现金股利300万元，计划在2024年3月15日支付。

（3）2024年12月31日，吸收丁股东加入本公司，将开源公司注册资本由原2 000万元增加到3 000万元。丁股东以银行存款360万元、原材料33.9万元（增值税专用发票中注明材料公允价值和计税价格均为30万元，增值税税额为3.9万元）出资，占增资后注册资本10%的股份；其余的700万元增资由甲、乙、丙三位股东按原持股比例以银行存款出资。2024年12月31日，四位股东的出资已全部到位，并取得丁股东开出的增值税专用发票，有关的法律手续已经办妥。

要求（答案中的金额用万元表示）：

（1）编制开源公司2022年12月31日收到投资者投入资本时的会计分录（“实收资本”科目要求写出明细科目）。

（2）编制开源公司2023年宣告分派现金股利时的会计分录（“应付股利”科目要求写出明细科目）。

（3）计算开源公司2024年12月31日吸收丁股东出资时产生的资本公积。

（4）编制开源公司2024年12月31日收到甲、乙、丙股东追加投资和丁股东出资时的会计分录。

（5）计算开源公司2024年12月31日增资扩股后各股东的持股比例。

4. 佳强股份有限公司2022年年初的未分配利润为800万元，本年实现净利润2 000万元。公司决定按照净利润的10%和5%分别提取法定盈余公积金和任意盈余公积金。2023年3月15日，股东大会批准利润分配方案，决定发放800万元现金股利以及500万股股票股利，同时将300万元资本公积和200万元盈余公积转增资本。2023年4月15日办理完增资手续。

要求：

（1）计算佳强股份有限公司2022年年末“利润分配——未分配利润”科目余额。

（2）编制佳强股份有限公司2022年年末结转本年利润时的会计分录。

（3）编制佳强股份有限公司 2022 年年末计提盈余公积时的会计分录。

（4）编制佳强股份有限公司 2022 年年末结转利润分配明细科目余额时的会计分录。

（5）编制佳强股份有限公司 2023 年 3 月 15 日股东大会批准利润分配方案时的会计分录。

（6）编制佳强股份有限公司 2023 年 4 月 15 日办理完增资手续时的会计分录。

（7）编制佳强股份有限公司 2023 年年末结转利润分配明细科目余额时的会计分录。

第十一章

收入与费用

一、单项选择题

1. 下列各项中，符合“收入”定义的是（　　）。

A. 出租设备的租金收入　　B. 处置固定资产净收益

C. 来源于政府的补贴收入　　D. 罚金收入等非经常性收益

2. 下列各项中，属于工业企业其他业务收入的是（　　）。

A. 罚款收入　　B. 原材料销售收入

C. 出售固定资产净利得　　D. 出售无形资产净利得

3. 工业企业销售产品，根据与客户签订的销售合同，其收入确认的时点为（　　）。

A. 发出商品　　B. 收到货款

C. 退货期满　　D. 商品控制权转移

4. 关于合同合并，下列表述中错误的是（　　）。

A. 两份或多份合同中所承诺的商品是单项履约义务，应当合并为一份合同

B. 两份独立合同中所承诺的商品不是单项履约义务，应当合并为一份合同

C. 两份或多份合同基于同一商业目的而订立并构成一揽子交易，应当合并为一份合同

D. 两份或多份合同中的一份合同的对价金额取决于其他合同的定价或履行情况应当合并为一份合同

5. 甲公司承诺以每件 100 元的价格向乙公司销售 120 件 A 产品。产品在 6 个月内转移给乙公司。甲公司在某个时点转移每一件产品的控制权。当甲公司向乙公司转移了 60 件 A 产品的控制权后，合同进行了修改，要求向乙公司额外交付 30 件产品（即总数为 150 件相同的产品）。这额外的 30 件产品并未包括在原合同中。当合同被修改时，针对额外 30 件产品，每件产品价格为 95 元（反映修订时的单独售价）。甲公司下列会计处理的表述中，正确的是（　　）。

A. 应当调整变更日的主营业务收入

B. 应当将该合同变更部分作为一份单独的合同进行会计处理

C. 应当将该合同变更部分作为原合同的组成部分进行会计处理

D. 应当将原合同未履约部分与合同变更部分合并为新合同进行会计处理

6. 当合同中包含两项或多项履约义务时，企业应当在合同开始日，按照一定的方法，将交易价格分摊至各单项履约义务。这里的方法是指（　　）。

A. 平均摊销

B. 各单项履约义务所承诺商品的成本的相对比例

C. 各单项履约义务所承诺商品的毛利的相对比例

D. 各单项履约义务所承诺商品的单独售价的相对比例

7. 甲公司与客户订立一项合同，约定转让软件许可、实施安装服务并在 2 年内提供未明确规定的软件更新和技术支持（通过在线和电话方式）。合同明确规定，作为安装服务的一部分，软件将作重大定制以增添重要的新功能，从而使软件能够与客户使用的其他定制软件应用程序相对接。下列各项表述中，错误的是（　　）。

A. 软件更新构成单项履约义务

B. 技术支持构成单项履约义务

C. 软件许可证构成单项履约义务

D. 定制安装服务（包括软件许可证）属于单项履约义务

8. 甲公司同意为乙公司设计一种实验性的新产品并生产该产品的 10 个样品。产品规格包含尚未得到证实的功能。下列各项表述中，正确的是（　　）。

A. 设计服务构成单项履约义务

B. 设计服务与生产服务可明确区分

C. 生产 10 件样品构成单项履约义务

D. 设计与生产两项服务构成单项履约义务

9. 下列各项中，属于在某一时点确认收入的是（　　）。

A. 酒店管理服务

B. 为客户建造办公大楼

C. 为客户定制的且有可替代用途的产品

D. 企业履约过程中所产出的商品具有不可替代用途，且该企业在整个合同期间内有权就累计至今已完成的履约部分收取款项

10. 甲公司与客户签订一项提供咨询服务的合同，从而使甲公司为客户提供专业意见（专业报告）。专业意见与针对客户的事实和情况有关，假设甲公司完全遵守其合同义务，如果客户终止咨询合同，合同要求客户赔偿甲公司已发生的成本，另加 15% 的利润，15% 的利润率相当于甲公司在类似合同中取得的利润率。下列各项表述中，正确的是（　　）。

A. 甲公司应在签订合同时确认收入

B. 甲公司应在提供咨询服务合同结束后确认收入

C. 甲公司提供咨询服务属于在某一时点履行履约义务

D. 甲公司提供咨询服务属于在某一时段内履行履约义务

11. 甲公司正在建造一幢包含多个单元的住宅楼。某客户与甲公司订立一项针对指定在建单元的具有法定约束力的销售合同。每一住宅单元均具有类似的建筑平面图及类似的面积，但单元的其他属性（例如单元在楼宇中的位置）则有所不同。客户在订立合同时按房价的 20% 支付保证金，且该保证金仅在甲公司未能按照合同完成该单元的建造时才可返还。剩余合同价格须在合同完成后客户实际取得该单元时支付。如果客户在该单元建造完成前违约，则甲公司仅有权保留已付的保证金。下列会计处理表述中，正确的是（　　）。

A. 保证金在签订合同时确认收入

B. 该单元房在一段期间确认收入

C. 该单元房在签订合同时确认收入

D. 该单元房在完工控制权转移给客户时确认收入

12. 关于收入的计量，下列表述中错误的是（　　）。

A. 交易价格是指企业因向客户转让商品已收取的对价

B. 企业代第三方收取的款项，应当作为负债进行会计处理

C. 企业应当按照分摊至各单项履约义务的交易价格计量收入

D. 企业预期将退还给客户的款项，应当作为负债进行会计处理

13. 某消费品制造商甲公司签订了一项合同，向一家全球大型连锁零售店客户销售商品，合同期限为一年。该零售商承诺，在合同期限内以约定价格购买至少价值 1 500 万元的产品。同时合同约定，甲公司需在合同开始时向该零售商支付 150 万元的不可退回款项。该款项旨在就零售商需更改货架以使其适合放置甲公司产品而作出补偿。第一个月甲公司向该零售商销售货物开具发票的金额为 200 万元（不含增值税）。甲公司第一个月应确认的收入为（　　）万元。

A. 50　　　　B. 180

C. 200　　　　D. 1 350

14. 甲公司为一家咨询服务提供商，中了一个向新客户提供咨询服务的标。甲公司为取得合同而发生的成本如下：（1）尽职调查的外部律师费 4 万元；（2）提交标书的差旅费 6 万元（客户不承担）；（3）销售人员佣金 8 万元。假定不考虑其他因素，甲公司应确认的合同资产为（　　）万元。

A. 8　　　　B. 10

C. 12　　　　D. 18

15. 下列关于合同取得成本和合同履约成本的相关处理，表述不正确的是（　　）。

A. 企业应当根据预期向客户转让与资产相关的商品的时间，对资产的摊销情况进行复核并更新，并作为会计估计变更处理

B. 对于确认为资产的合同履约成本和合同取得成本，企业应当采用与该资产相关的商品收入确认相同的基础进行摊销，计入当期损益

C. 在确定合同履约成本和合同取得成本的减值损失时，企业应当首先确定合同履约成本和合同取得成本的减值损失，然后再确认其他资产减值损失

D. 合同履约成本和合同取得成本的账面价值，高于企业因转让与该资产相关的商品预期能够取得的剩余对价与为转让该相关商品估计将要发生的成本之间的差额，应当将超出部分计提减值准备

16. 企业发生的下列支出中，不应当计入当期损益的是（　　）。

A. 企业承担的管理费用

B. 明确应由客户承担的管理费用

C. 非正常消耗的直接材料、直接人工和制造费用（或类似费用）

D. 与履约义务中已履行（包括已全部履行或部分履行）部分相关的支出

17. 下列关于增量成本的表述中，不正确的是（　　）。

A. 增量成本是指企业不取得合同就不会发生的成本

B. 增量成本是增加了企业未来用于履行（或持续履行）履约义务的资源的成本

C. 企业为取得合同发生的增量成本预期能够收回的，应当作为合同取得成本确认为一项资产

D. 企业为取得合同发生的、除预期能够收回的增量成本之外的其他支出，一般应于发生时计入当期损益

18. 下列特定交易的会计处理，表述不正确的是（　　）。

A. 对于附有销售退回条款的销售，企业的销售成本应当按照所转让商品的账面价值结转

B. 对于附有客户额外购买选择权的销售，企业该选择权如果向客户提供了一项重大权利，则应当作为单项履约义务进行会计处理

C. 对于附有质量保证条款的销售，企业该质量保证如果在向客户保证所销售商品符合既定标准之外提供了一项单独的服务的，则应当作为单项履约义务进行会计处理

D. 对于附有销售退回条款的销售，企业销售收入应当在客户取得相关商品控制权时，按照因向客户转让商品而预期有权收取的对价金额（即不包含预期因销售退回将退还的金额）确认

19. 甲公司以每件 200 元的价格向其客户销售 50 件产品，收到 10 000 元的货款。按照销售合同，客户有权在 30 天内退回任何没有损坏的产品，并得到全额现金退款。每件产品的成本为 150 元。甲公司预计会有 3 件（即 6%）产品被退回，而且即使估计发生后续变化，也不会导致大量收入的转回。甲公司预计收回产品的成本不会太大，并认为再次出售产品时还能获得利润。甲公司销售 50 件产品应确认的收入为（　　）元。

A. 0　　B. 2 500

C. 9 400　　D. 10 000

20. 甲企业销售乙餐厅的礼品券，持礼品券的客户可在指定餐厅用餐。礼品券向客户提供了显著低于餐饮正常售价的重大折扣（客户支付 100 元购买礼品券，持礼品券能在餐厅享受价格为 200 元的餐饮）。甲企业在客户有需求时才购买礼品券。礼品券通过甲企业的网站销售，并且礼品券不可退回。甲企业与乙餐厅共同确定向客户销售礼品券的价格。礼品券出售后甲企业有权收取礼品券出售价格的 30% 的金额。甲企业不承担信用风险，因客户在购买时及时付款。甲企业协助客户解决对餐饮的投诉并且有一项客户满意度计划。但是由乙餐厅负责履行与礼品券相关的义务，包括针对客户不满意服务的补救措施。下列各项中正确的是（　　）。

A. 甲企业是代理人　　B. 甲企业是主要责任人

C. 甲企业按总额法确认收入　　D. 乙餐厅应按净额法确认收入

21. 2022 年 1 月 1 日，甲公司与客户订立一项针对两项知识产权许可证（许可证 A 和 B）的合同，甲公司确定该合同代表两项履约义务，每项履约义务均在某时点履行。许可证 A 和 B 的单独售价分别为 800 万元和 1 000 万元。合同针对许可证 A 所规定的价格为固定金额 800 万元，而针对许可证 B 所规定的对价则是客户销售使用了许可证 B 的产品的未来销售额的 3%，其可变对价为 1 000 万元。甲公司在合同开始时转让许可证 B，并在一个月后转让许可证 A，2022 年度，客户销售使用了许可证 B 的产品的销售额为 10 000 万元，假定

不考虑其他因素，甲公司下列会计处理表述中，错误的是（　　）。

A. 合同开始时，许可证 B 不确认收入

B. 2022 年度，许可证 B 应确认收入 300 万元

C. 2022 年度，许可证 B 应确认收入 1 000 万元

D. 当转让许可证 A 时，甲公司确认收入 800 万元

22. 下列关于企业收入确认时需要注意事项的相关表述，不正确的是（　　）。

A. 合同具有商业实质，是指履行该合同将改变企业未来现金流量的风险、时间分布或金额

B. 对于合同各方均有权单方面终止完全未执行的合同，且无需对合同其他方作出补偿的，企业应当视为该合同已经存在

C. 企业在评估其因向客户转让商品而有权取得的对价是否很可能收回时，仅应考虑客户到期时支付对价的能力和意图（即客户的信用风险）

D. 合同约定的权利和义务是否具有法律约束力，需要根据企业所处的法律环境和实务操作进行判断，包括合同订立的方式和流程、具有法律约束力的权利和义务的时间等

23. 甲公司为连环漫画的创作者，2022 年 1 月 1 日，向客户授予的许可证使客户可在 4 年内使用其 3 份连环漫画中的角色和名称。每份连环漫画都有主角，但是会定期出现新创造的角色，且角色的形象在随时演变。该客户是大型游轮的运营商，其能够依据合理的方法以不同形式（例如节目或演出）使用主体的角色。合同要求客户使用最新的角色形象。甲公司因授予许可证一次收取 400 万元的固定价款。假定不考虑其他因素，甲公司下列会计处理表述中，正确的是（　　）。

A. 每年确认 100 万元收入

B. 授予许可证不确认收入

C. 在收到款项时确认 400 万元收入

D. 在授予许可证 4 年后确认 400 万元收入

24. 甲公司增值税采用一般计税方法，销售商品适用的增值税税率为 13%，2023 年 1 月 1 日与乙公司签订协议销售商品一批，增值税专用发票上注明价格为 100 万元，增值税税额为 13 万元。商品已发出，款项已收到。该协议规定，该批商品销售价格（不含增值税税额）的 20% 属于商品售出后 5 年内提供修理服务的服务费。则甲公司 2023 年 1 月 1 日应确认的合同负债为（　　）万元。

A. 2.6　　B. 20

C. 22.6　　D. 80

25. 甲公司增值税采用一般计税方法。2022 年 11 月 1 日签订合同采用预收款方式销售设备一台，合同约定设备售价 100 000 元。甲公司 2022 年 11 月 10 日收到购货方付款 113 000 元（含增值税 13 000 元），2023 年 1 月 20 日甲公司按照合同向购货方发货并开出增值税专用发票，2023 年 2 月 1 日购货方收到该设备。甲公司正确的会计处理是（　　）。

A. 2023 年 2 月 1 日确认商品销售收入 100 000 元

B. 2023 年 1 月 20 日确认商品销售收入 100 000 元

C. 2022 年 11 月 1 日确认商品销售收入 100 000 元

D. 2022 年 11 月 10 日确认商品销售收入 100 000 元

26. 甲、乙公司增值税采用一般计税方法，销售商品适用的增值税税率为 13%。2022 年 12 月 1 日，甲公司向乙公司销售一批商品，开出增值税专用发票上注明的销售价格为 200 000 元，增值税税额为 26 000 元，该批商品的成本为 180 000 元，商品未发出，款项已收到。协议约定，甲公司应于 2023 年 5 月 1 日将所售商品购回，回购价为 220 000 元（不含增值税税额），假定不考虑其他因素。2022 年 12 月 31 日，甲公司应确认的其他应付款金额为（　　）元。

A. 180 000　　B. 184 000

C. 200 000　　D. 204 000

27. 对企业在销售商品的同时授予给客户的奖励积分，下列会计处理中，错误的是（　　）。

A. 奖励积分的公允价值应确认为合同负债

B. 取得的货款应在奖励积分兑换期满后确认为收入

C. 应将取得的货款或应收货款扣除奖励积分的公允价值的部分确认为收入

D. 被兑换的奖励积分确认为收入的金额应当以被兑换用于换取奖励的积分数额占预期将兑换用于换取奖励的积分总数的比例为基础计算确定

28. 2022 年 10 月 15 日，乙公司以甲公司名义开设一家连锁店，甲公司于 30 日内向乙公司一次性收取特许权等费用 50 万元（其中 35 万元为当年 11 月份提供柜台等设施收费，设施提供后由乙公司所有；15 万元为次年 1 月提供市场培训等后续服务收费），2022 年 11 月 1 日，甲公司收到上述款项后向乙公司提供了柜台等设施，成本为 30 万元，预计 2023 年 1 月提供相关后续服务的成本为 12 万元。不考虑其他因素，甲公司 2022 年度因该交易应确认的收入为（　　）万元。

A. 9　　B. 15

C. 35　　D. 50

29. 2022 年 1 月 1 日，甲公司采用分期收款方式向乙公司销售一批商品，合同约定的销售价格为 5 000 万元，分 5 年于每年 12 月 31 日等额收取。该批商品成本为 3 800 万元。如果采用现销方式，该批商品的销售价格为 4 500 万元。不考虑增值税等因素，2022 年 1 月 1 日，甲公司该项销售业务的会计处理中，错误的是（　　）。

A. 减少“库存商品”科目金额 3 800 万元

B. 增加“长期应收款”科目金额 5 000 万元

C. 增加“主营业务成本”科目金额 3 800 万元

D. 增加“主营业务收入”科目金额 5 000 万元

30. 2022 年 7 月 1 日，甲公司对外提供两份期限均为一年的劳务合同。第一份合同金额为 300 万元，2022 年度发生的劳务成本为 160 万元，预计已发生的劳务成本能得到补偿的金额为 120 万元。第二份合同金额为 100 万元，2022 年度发生的劳务成本为 60 万元，因客户陷入严重财务危机，预计已发生的劳务成本全部不能得到补偿。假设 2022 年均无法可靠地估计两份合同的履约进度，则甲公司 2022 年度该两份劳务合同应确认的收入为（　　）万元。

A. 40　　B. 60

C. 120　　D. 180

31. 2022 年 1 月 1 日，甲公司采用分期收款方式向乙公司销售大型商品一套，合同规定不含增值税的销售价格为 900 万元，分三次于每年 12 月 31 日等额收取，假定在现销方式下，该商品不含增值税的销售价格为 810 万元。不考虑其他因素，甲公司 2022 年应确认的销售收入为（　　）万元。

A. 270　　B. 300

C. 810　　D. 900

32. 甲公司作为主要责任人 2022 年度委托乙商店代销一批零配件，代销价款为 200 万元。本年度收到乙商店交来的代销清单，代销清单列明已销售代销零配件的 60%，甲公司收到代销清单时向乙商店开具增值税发票。乙商店按代销价款的 5% 收取手续费。该批零配件的实际成本为 120 万元。则甲公司 2022 年度应确认的销售收入为（　　）万元。

A. 68.4　　B. 114

C. 120　　D. 200

33. 在售后回购方式下，回购价格大于原售价的差额，应在回购期间内分期计入（　　）。

A. 销售费用　　B. 管理费用

C. 制造费用　　D. 财务费用

34. 2022 年 7 月 1 日，某建筑公司与客户签订一项固定造价建造合同，承建一幢办公楼，预计 2023 年 12 月 31 日完工；合同总金额为 12 000 万元，预计总成本为 10 000 万元。截至 2022 年 12 月 31 日，该建筑公司实际发生合同成本 3 000 万元。假定以上建造服务属于在某一时段内履行的履约义务，该公司按照并根据累计发生的合同成本占合同预计成本的比例确定履约进度。2022 年度对该建造合同确认的收入为（　　）万元。

A. 3 000　　B. 3 200

C. 3 500　　D. 3 600

35. 下列各项中，不应计入销售费用的是（　　）。

A. 企业销售产品的广告费

B. 销售机构固定资产的折旧费

C. 生产车间固定资产的折旧费

D. 企业销售商品不单独计价的包装费

36. 下列各项中，应在“管理费用”科目核算的是（　　）。

A. 公司总部业务招待费

B. 委托代销商品支付的手续费

C. 为推广新产品而发生的广告费用

D. 随同产品出售单独计价包装物的成本

37. 甲公司 2022 年发生的有关交易或事项如下：（1）因出租房屋取得租金收入 100 万元；（2）因处置固定资产产生净收益 30 万元；（3）收到联营企业分派的现金股利 60 万元；（4）因收发计量差错造成存货短缺净损失 10 万元；（5）管理用机器设备发生日常维护支出 40 万元；（6）办公楼所在地块的土地使用权摊销 200 万元；（7）持有的以公允价值计量且其变动计入当期损益的金融资产公允价值上升 60 万元；（8）存货市价上升转回上年计提的

存货跌价准备 100 万元。甲公司 2022 年度因上述交易或事项而确认的管理费用金额是（　　）万元。

A. 50　　B. 250

C. 340　　D. 350

38. 下列各项中，不应计入财务费用的是（　　）。

A. 流动资金借款利息　　B. 销售商品的现金折扣

C. 银行承兑汇票的手续费　　D. 发行普通股股票的手续费

二、多项选择题

1. 下列各项中，属于收入特征的有（　　）。

A. 收入与所有者投入资本无关

B. 收入一定导致企业资产的增加

C. 收入会导致企业所有者权益的增加

D. 收入是企业在日常活动中形成的经济利益的总流入

2. 关于收入的确认，下列表述中正确的有（　　）。

A. 没有商业实质的非货币性资产交换，不确认收入

B. 企业应当在履行了合同中的履约义务，即在客户取得相关商品控制权时确认收入

C. 企业因向客户转让商品对价不是很可能收回，应当将已收取的对价部分确认为收入

D. 企业因向客户提供劳务的对价不是很可能收回，企业只有在不再负有向客户提供劳务的剩余义务，且已向客户收取的对价无须退回时，才能将已收取的对价确认为收入

3. 下列各情形中，通常表明企业向客户转让该商品的承诺与合同中的其他不可明确区分的有（　　）。

A. 该商品与合同中承诺的其他商品具有高度关联性

B. 该商品将对合同中承诺的其他商品予以重大修改或定制

C. 企业向客户转让该商品的承诺与合同中其他承诺可单独区分

D. 企业需提供重大的服务以将该商品与合同中承诺的其他商品进行整合，形成合同约定的某个或某些组合产出转让给客户

4. 下列各项中，属于与收入确认有关的步骤的有（　　）。

A. 识别与客户订立的合同

B. 识别合同中的单项履约义务

C. 履行各单项履约义务时确认收入

D. 将交易价格分摊至各单项履约义务

5. 履约义务包括的内容有（　　）。

A. 合同中明确的承诺

B. 企业为履行合同而应开展的不涉及转让商品的初始活动

C. 企业以往的习惯做法导致合同订立时客户合理预期企业将履行的承诺

D. 由于企业已公开宣布的政策导致合同订立时客户合理预期企业将履行的承诺

6. 甲公司与客户订立一项合同，约定转让软件许可证、实施安装服务并在两年期间内提供未明确规定的软件更新和技术支持（通过在线和电话方式）。安装服务包括为各类用户（例如，市场营销、库存管理和信息技术）更改网页屏幕。安装服务通常由其他公司执行，并且不会对软件作出重大修订。该软件在没有更新和技术支持的情况下仍能正常运行，根据上述资料，构成单项履约义务的有（　　）。

A. 安装服务　　B. 软件更新

C. 技术支持　　D. 软件许可证

7. 关于合同变更，下列表述中正确的有（　　）。

A. 合同变更，是指经合同各方批准对原合同范围或价格作出的变更

B. 合同变更增加了可明确区分的商品及合同价款，且新增合同价款反映了新增商品单独售价的，应当将该合同变更部分作为一份单独的合同进行会计处理

C. 合同变更增加了可明确区分的商品，且在合同变更日已转让的商品与未转让的商品之间不可明确区分的，应当将该合同变更部分作为原合同的组成部分进行会计处理，由此产生的对已确认收入的影响应当在合同变更日调整当期收入

D. 合同变更增加了可明确区分的商品及合同价款，新增合同价款未反映新增商品单独售价的，且在合同变更日已转让的商品与未转让的商品之间可明确区分的，应当视为原合同终止，同时，将原合同未履约部分与合同变更部分合并为新合同进行会计处理

8. 2022 年 11 月，甲公司与乙公司签订一项装修一幢 3 层建筑并安装新电梯的合同，合同总对价为 500 万元。已承诺的装修服务（包括电梯安装，假定电梯毛利为 0）是一项在一段时间内履行的履约义务，预计总成本为 400 万元（包括电梯成本 150 万元）。甲公司在电梯转让给乙公司前获得对电梯的控制权。甲公司使用投入法基于已发生的成本来计量其履约义务的履约进度。乙公司在 2022 年 12 月电梯运抵该建筑物时获得对电梯的控制权，电梯直至 2023 年 6 月才安装完成。甲公司未参与电梯的设计与安装。至 2022 年 12 月 31 日，已发生的成本为 50 万元（不包括电梯成本）。甲公司的下列会计处理表述中，正确的有（　　）。

A. 2022 年确认营业收入 220 万元

B. 2022 年确认营业成本 200 万元

C. 至 2022 年 12 月 31 日履约进度为 20%

D. 电梯收入应在安装完毕检验合格后确认

9. 关于收入计量的交易价格，下列表述中正确的有（　　）。

A. 在确定交易价格时，企业应当考虑可变对价因素的影响

B. 在确定交易价格时，企业应当考虑应付客户对价因素的影响

C. 企业应当根据合同条款，并结合其以往的习惯做法确定交易价格

D. 在确定交易价格时，企业应当考虑合同中存在的重大融资成分因素的影响

10. 甲公司是一家建筑公司，2022 年 1 月 1 日，甲公司与乙公司签订了以 1 000 万元的承诺对价在乙公司拥有的土地上建一所商业大厦的合同，如果大厦在 24 个月内竣工还将得到 200 万元的奖励。2022 年年末已发生合同成本 420 万元，合同预计总成本为 700 万元。2023 年 3 月 10 日，因合同双方同意修改大厦平面图而修改合同。固定对价和预期成本分别

增加了 150 万元和 120 万元。合同修改日，根据其自身经验以及将要实施的剩余工程（主要是室内工程且不受天气状况影响）判断，工程将在 2023 年 11 月 30 日竣工。甲公司下列关于合同变更会计处理的表述中，正确的有（　　）。

A. 该合同仍然只有一项单一履约义务

B. 合同变更日应调整当期收入 91.2 万元

C. 合同变更日确认的 2022 年度的履约进度为 51.2%

D. 合同变更日 200 万元的奖励收入应包括在合同总收入中

11. 企业在客户取得相关商品控制权时确认收入，下列各情形中，属于客户取得商品控制权的有（　　）。

A. 客户有能力主导该商品的使用

B. 能够获得商品几乎全部的经济利益

C. 只能自己使用，不能用该商品作抵押

D. 客户拥有现时权利，能够主导该商品的使用并从中获得几乎全部经济利益

12. 对合同中存在重大融资成分的商品销售，下列表述中正确的有（　　）。

A. 企业应当按照合同价格确定交易价格

B. 企业应当按照合同价格的现值确定交易价格

C. 交易价格与合同对价之间的差额，应当在合同期间内采用实际利率法摊销

D. 企业应当按照假定客户在取得商品控制权时即以现金支付的应付金额确定交易价格

13. 对企业应付客户对价，下列表述中正确的有（　　）。

A. 应付客户对价是为了向客户取得其他可明确区分商品，应当将该应付对价冲减交易价格

B. 企业应付客户对价超过向客户取得可明确区分商品公允价值的，超过金额应当冲减交易价格

C. 向客户取得的可明确区分商品公允价值不能合理估计的，企业应当将应付客户对价全额冲减交易价格

D. 企业应付客户对价是为了向客户取得其他可明确区分商品的，应当采用与本企业其他采购相一致的方式确认所购买的商品

14. 2022 年 12 月 10 日，甲公司承诺以每件 100 元的价格向乙公司销售 120 件 A 产品。产品在 6 个月内转移给乙公司。甲公司在某个时点转移每一件产品的控制权。2023 年 3 月 20 日，当甲公司向乙公司转移了 60 件 A 产品的控制权后，合同进行了修改，要求向乙公司额外交付 30 件产品即总数为 150 件相同的产品。这额外的 30 件产品并未包括在原合同中。在协商购买额外 30 件产品的过程中，合同双方最初商定每件产品价格为 80 元（未反映单独售价）。此外，乙公司发现已收到的 60 件产品存在独有的瑕疵，甲公司因这些劣质产品向客户进行赔偿，承诺每件产品优惠 15 元，即额外 30 件产品的实际价款为 1 500（2 400 - 900）元。甲公司下列会计处理的表述中，正确的有（　　）。

A. 剩余产品单价为 93.33 元

B. 原合同尚未提供的 60 件产品单独售价为 100 元

C. 新增合同尚未提供的 30 件产品单独售价为 50 元

D. 原 60 件瑕疵产品优惠 900 元应冲减 2023 年 3 月主营业务收入

15. 甲公司与客户签订一项合同以出售 A、B、C 三种产品，交易总价为 100 万元。A、B、C 各产品的单独售价分别为 40 万元、55 万元、45 万元，合计 140 万元。该企业经常将 B 和 C 产品捆绑按 60 万元价格出售，经常将 A 产品按 40 万元出售。甲公司下列会计处理的表述中，正确的有（　　）。

A. A 产品应确认的收入为 40 万元

B. B 产品应确认的收入为 33 万元

C. C 产品应确认的收入为 27 万元

D. C 产品应确认的收入为 45 万元

16. 2022 年 11 月 1 日，甲公司承诺向乙公司转让两种可明确区分的产品 X 和 Y。产品 X 在合同开始时转让给乙公司，而产品 Y 则于 2023 年 5 月 31 日转让给乙公司。乙公司承诺支付的对价包含固定对价 2 000 万元和最佳估计数为 200 万元的可变对价，甲公司将可变对价的最佳估计数纳入交易价格（符合条件）。2022 年 11 月 30 日，合同范围进行了修订：2023 年 8 月 31 日前将产品 Z（连同尚未交付的产品 Y）转让给乙公司，合同价格增加了 600 万元（固定对价），该增加额并不反映产品 Z 的单独售价。三种产品 X、Y、Z 的单独售价相同，均可明确区分，且可变对价不符合只分摊给某一履约义务或某两项履约义务的标准。在合同修订后，但交付产品 Y 和产品 Z 之前，甲公司将其关于预计有权获得的可变对价的最佳估计数修正为 260 万元，增加的 60 万元仍归属于在合同修订前承诺的可变对价。甲公司认为，该可变对价估计的变动可纳入交易价格（不确定性消除时累计已确认收入金额极有可能不会发生重大转回）。假定不考虑其他因素，关于增加的 60 万元可变对价，甲公司下列会计处理的表述中，正确的有（　　）。

A. 产品 X 分摊 30 万元

B. 产品 Y 分摊 15 万元

C. 产品 Z 分摊 15 万元

D. 产品 X、产品 Y 和产品 Z 分别分摊 20 万元

17. 2022 年 9 月 1 日，甲公司承诺向乙公司转让两种可明确区分的产品 X 和 Y。产品 X 在合同开始时转让给乙公司，而产品 Y 则于 2023 年 4 月 30 日转让给乙公司。乙公司承诺支付的对价包含固定对价 1 000 万元和最佳估计数为 200 万元的可变对价，甲公司将可变对价的最佳估计数纳入交易价格（符合条件）。2022 年 10 月 31 日，合同范围进行了修订：2023 年 7 月 31 日将产品 Z 转让给乙公司，合同价格增加了 300 万元（固定对价），该增加额并不反映产品 Z 的单独售价。三种产品 X、Y、Z 的单独售价相同，均可明确区分，且可变对价不符合只分摊给某一履约义务或某两项履约义务的标准。在合同修订后，但交付产品 Y 和产品 Z 之前，甲公司将其关于预计有权获得的可变对价的最佳估计数修正为 240 万元，增加的 40 万元仍归属于在合同修订前承诺的可变对价。甲公司认为，该可变对价估计的变动可纳入交易价格（不确定性消除时累计已确认收入金额极有可能不会发生重大转回）。假定不考虑其他因素，甲公司下列会计处理的表述中，正确的有（　　）。

A. X 产品应承担合同修订后可变对价的后续变动

B. 2022 年 9 月 1 日产品 X 应确认的收入为 600 万元

C. 2023 年 4 月 30 日产品 Y 应确认的收入为 470 万元

D. 2023 年 7 月 31 日产品 Z 应确认的收入为 340 万元

18. 当存在第三方参与企业向客户提供商品时，企业向客户转让特定商品之前能够控制该商品，从而应当作为主要责任人的情形包括（ ）。

A. 企业能够主导该第三方代表本企业向客户提供服务

B. 企业自该第三方取得商品或其他资产，但并没有取得控制权，将商品或其他资产转让给客户的

C. 企业先自该第三方取得商品或其他资产的控制权，且企业一直能够主导其使用，后来再转让给客户

D. 企业自该第三方取得商品控制权后，通过提供重大的服务将该商品或其他商品整合成合同约定的某组合产出转让给客户

19. 企业在对合同履约成本和合同取得成本计提减值准备的时候，需要使用的数据包括（ ）。

A. 转让该相关商品预期将确认的收入

B. 为转让该相关商品估计将要发生的成本

C. 合同履约成本和合同取得成本的账面价值

D. 企业因转让与该资产相关的商品预期能够取得的剩余对价

20. 下列各项中，属于企业增量成本的有（ ）。

A. 取得合同发生的投标费用

B. 支付给销售人员的销售佣金

C. 支付给直接为客户提供所承诺服务的人员的工资

D. 企业因现有合同续约或发生合同变更需要支付的额外佣金

21. 关于附有客户额外购买选择权的销售，下列表述中正确的有（ ）。

A. 企业提供重大权利的，应当作为单项履约义务

B. 只要客户有额外购买商品选择权，就应将其作为单独履约义务

C. 如果选择权向客户提供了重大权利，企业应当在转让这些未来商品或服务时或选择权失效时确认收入

D. 客户行使该选择权购买商品时的价格反映了这些商品单独售价的，不应被视为企业向该客户提供了一项重大权利

22. 企业向客户授予知识产权时，将其作为在某一时段内履行的履约义务确认相关收入的，需要满足的条件有（ ）。

A. 该活动对客户不会产生不利影响

B. 该活动不会导致向客户转让商品

C. 该活动对客户将产生有利或不利影响

D. 合同要求或客户能够合理预期企业将从事对该项知识产权有重大影响的活动

23. 对于企业负有应客户要求回购商品义务的售后回购交易，下列表述中正确的有（ ）。

A. 客户具有行使该要求权重大经济动因，回购价格低于原售价的，应当视为租赁交易

B. 客户具有行使该要求权重大经济动因，回购价格不低于原售价的，应当视为融资

交易

C. 客户不具有行使该要求权重大经济动因，回购价格低于市场价的，应当视为租赁交易

D. 客户不具有行使该要求权重大经济动因，回购价格低于市场价的，应当将其作为附有销售退回条款的销售交易进行会计处理

24. 下列各项中，不应计入期间费用的有（ ）。

A. 研发支出费用化的金额

B. 借款利息费用资本化的部分

C. 生产车间支付的办公费、水电费等

D. 生产车间管理人员的工资等职工薪酬

25. 下列各项中，应确认为销售费用的有（ ）。

A. 产品展览费

B. 专设销售机构的职工薪酬

C. 企业销售部门的日常运行支出

D. 商品流通企业进货途中的合理损耗

26. 下列各项中，应确认为管理费用的有（ ）。

A. 董事会成员津贴

B. 总经理的薪酬

C. 售后服务人员的薪酬

D. 聘请注册会计师的审计费用

27. 下列各项中，应确认为销售费用的有（ ）。

A. 销售商品发生的销售折让

B. 结转出租包装物报废的残料价值

C. 采用一次摊销法结转首次出借新包装物成本

D. 结转随同商品出售不单独计价的包装物成本

28. 下列各项中，应确认为管理费用的有（ ）。

A. 计提的存货跌价准备

B. 管理部门固定资产修理费用

C. 企业在筹建期间发生的开办费

D. 按照生产工人工资总额的一定比例计提的职工教育经费

29. 下列各项中，应确认为管理费用的有（ ）。

A. 研发支出的研究费用

B. 发行股票的发行费用

C. 生产车间机器设备计提的折旧

D. 企业合并形成的长期股权投资取得时发生的直接相关费用

30. 下列各项中，不应确认为财务费用的有（ ）。

A. 资本化的借款利息支出

B. 企业筹建期间的借款费用

C. 销售商品发生的商业折扣

D. 存在重大融资成分的销售合同中“未实现融资收益”的摊销

三、判断题

1. 企业实现收入通常表现为货币资产的流入，但是并非所有的货币资产流入都是企业的收入。（　）

2. 收入的确认和计量应当以合同为基础，这里的合同只能是书面形式。（　）

3. 不具有商业实质的合同，企业不能确认收入。（　）

4. 合同变更增加了可明确区分的商品及合同价款，且新增合同价款反映了新增商品单独售价的，应当将该合同变更作为一份单独的合同进行会计处理。（　）

5. 通常情况下，商品控制权转移给客户之前发生的运输活动不构成单项履约义务。（　）

6. 企业代第三方收取的款项（例如增值税）以及企业预期将退还给客户的款项，应当计入交易价格。（　）

7. 企业按照期望值或最可能发生金额确定可变对价金额之后，计入交易价格的可变对价金额应当不超过在相关不确定性消除时，累计已确认的收入极有可能不会发生重大转回的金额。（　）

8. 合同中存在重大融资成分的，企业应当按照客户已承诺的对价金额确定交易价格。（　）

9. 合同开始日后，非现金对价的公允价值因对价形式而发生变动的，该变动金额应计入交易价格。（　）

10. 企业在将应付客户对价冲减交易价格时，应当在确认相关收入与支付（或承诺支付）客户对价二者孰早的时点冲减当期收入。（　）

11. 当合同中包含两项或多项履约义务时，企业应当在合同开始日，按照各单项履约义务所承诺商品的单独售价的相对比例，将交易价格分摊至各单项履约义务。（　）

12. 与合同资产和应收款项相关的风险是相同的，二者均仅承担信用风险。（　）

13. 对于已履行的履约义务，其分摊的可变对价后续变动额不应当调整变动当期的收入。（　）

14. 合同开始日之后单独售价发生变动的，企业应当按照新的单独售价重新分摊交易价格。（　）

15. 如果客户在企业创建该商品的过程中就能够控制这些商品，应当认为企业提供该商品的履约义务属于在某一时段内履行的履约义务。（　）

16. 对于在某一时段内履行的履约义务，企业应当在该段时间内按照履约进度确认收入，履约进度不能合理确定的除外。（　）

17. 企业为履行合同发生的非正常消耗的直接材料、直接人工和制造费用（或类似费用）等支出，应当资本化。（　）

18. 合同履约成本和合同取得成本发生减值的，应当计提减值准备，并确认资产减值损失。（　）

19. 对于附有销售退回条款的销售，每一资产负债表日企业应当重新估计未来销售退回情况，如有变化，应当作为会计估计变更进行会计处理。（　）

20. 对于附有质量保证条款的销售，企业提供额外服务的，应当作为单项履约义务进行会计处理。 （ ）

21. 企业在向客户转让商品前能够控制该商品的，该企业是主要责任人，应当按照已收或应收对价总额确认收入。 （ ）

22. 客户有额外购买商品选择权，且客户行使该选择权购买商品时的价格反映了这些商品单独售价的，也应被视为企业向该客户提供了一项重大权利。 （ ）

23. 同一合同下的合同资产和合同负债不得以净额列示。 （ ）

24. 合同资产和合同负债应当在资产负债表中单独列示，并按流动性分别列示为“合同资产”或“其他非流动资产”以及“合同负债”或“其他非流动负债”。 （ ）

25. 企业向客户授予知识产权许可，不构成单项履约义务的，应当将该知识产权许可和其他商品一起作为一项履约义务进行会计处理。 （ ）

26. 售后回购业务中，回购价格不低于原售价的，应当视为融资交易，在收到客户款项时确认金融负债，并将该款项和回购价格的差额在回购期间内确认为利息费用等。 （ ）

27. 即使有相关法律规定，企业所收取的与客户未行使权利相关的款项须转交给其他方的（例如，法律规定无人认领的财产需上交政府），企业也应将其首先确认为收入。（ ）

28. 企业向所有者分配利润也会导致经济利益的流出，因此也属于费用。 （ ）

29. 费用应按权责发生制和配比原则确认，凡应属本期负担的费用，不论其款项是否支付，均确认为当期费用；反之，不属于本期负担的费用，即使其款项已经支付，也不能确认为本期费用。 （ ）

30. 企业生产车间（部门）发生的固定资产修理费用应当计入制造费用。 （ ）

四、计算及账务处理题

1. 甲公司于 2022 年 4 月 1 日与客户签订一项咨询合同。合同约定，咨询期为 2 年，咨询费为 120 000 元，客户分三次等额支付，第一次在项目开始时支付，第二次在项目中期支付，第三次在项目结束时支付。估计总成本为 80 000 元（假定均为咨询人员薪酬），其中，2022 年发生成本 19 000 元，2023 年发生成本 40 000 元，2024 年发生成本 21 000 元。假定成本估计十分准确，咨询费也很可能收回。假定以上咨询服务属于在某一时段内履行的履约义务，该公司按照时间进度确定履约进度。不考虑增值税等其他因素的影响，也不考虑货币时间价值。

要求：

（1）编制甲公司 2022 年与提供该咨询业务有关的会计分录。

（2）编制甲公司 2023 年与提供该咨询业务有关的会计分录。

（3）编制甲公司 2024 年与提供该咨询业务有关的会计分录。

2. 甲公司是一家运动器材销售公司，增值税采用一般计税方法，销售商品适用的增值税税率均为 13%，以下事项中销售价格均不含增值税。2022 年 7 月 1 日，甲公司向乙公司销售 100 件运动器材，单位销售价格为 2 000 元，单位成本为 1 800 元，开出的增值税专用发票上注明的销售价款为 200 000 元，增值税税额为 26 000 元，收到款项存入银行。协议约定，乙公司在 8 月 31 日之前有权退还运动器材。假定甲公司根据过去的经验，估计该批运动器材退货率约为 20%，在不确定性消除时 80% 已确认的累计收入金额极有可能不会发生重大转回；运动器材发出时纳税义务已经发生；实际发生销售退回时取得税务机关开具的红字增值税专用发票。7 月 31 日估计该批运动器材退货率约为 10%，8 月 31 日发生销售退回，实际退货量为 5 件，同时支付款项。不考虑其他因素的影响。

要求：

（1）编制甲公司 2022 年 7 月 1 日销售商品的会计分录。

（2）编制甲公司 2022 年 7 月 31 日调整退货比率的会计分录。

（3）编制甲公司 2022 年 8 月 31 日发生退货及退货期满时的会计分录。

3. 甲公司以及与甲公司发生交易的各公司增值税均采用一般计税方法，销售商品适用的增值税税率均为 13%，以下事项中销售价格均不含增值税。甲公司 2022 年发生如下经济业务：

（1）1 月 1 日，甲公司与乙公司签订协议，向乙公司销售商品，成本为 90 万元，增值税专用发票上注明销售价格为 110 万元，增值税税额为 14.3 万元。协议约定，甲公司应在当年 5 月 31 日将所售商品购回，回购价为 120 万元，另需支付增值税税额 15.6 万元。假定商品已发出且货款已实际收付。

（2）1 月 2 日，甲公司与丙公司签订分期收款销售合同，向丙公司销售产品 100 件，单位成本 7.2 万元，单位售价 10 万元。根据合同约定：丙公司可享受 20% 的商业折扣；丙公司应在甲公司向其交付产品时，首期支付价款和增值税税额之和的 20%，其余款项分两个月（包括购货当月）于每月月末等额支付。甲公司发出产品并按规定开具增值税专用发票一张，丙公司如约支付首期货款和以后各期货款。

假设不考虑甲公司发生的其他经济业务以及除增值税以外的其他因素，所售商品均未发生减值。

要求：

（1）判断甲公司向乙公司销售商品是否应确认收入并说明理由，编制甲公司 1 月份向乙公司销售商品有关的会计分录。

（2）编制甲公司 1 月份与向丙公司销售商品有关的会计分录。

4. 甲公司为通讯服务运营企业。2022 年 12 月发生的有关交易或事项如下：

（1）2022 年 12 月 1 日，甲公司推出预缴话费送手机活动，客户只需预缴话费 10 000 元，即可免费获得市价为 4 800 元、成本为 3 400 元的手机一部，并从参加活动的当月起未来 24 个月内每月享受价值 300 元、成本为 180 元的通话服务。当月共有 20 万名客户参与了此项活动。

（2）2022 年 12 月 1 日，甲公司董事会批准了管理层提出的客户忠诚度计划，具体如下：客户在甲公司消费价值满 100 元的通话服务时，甲公司将在下月向其免费提供价值 10 元的通话服务。2022 年 12 月，客户消费了价值 50 000 万元的通话服务（假定均符合下月享受免费通话服务的条件），甲公司已收到相关款项。

（3）2022 年 12 月 25 日，甲公司与丙公司签订合同，甲公司以 6 000 万元的价格向丙公司销售市场价格为 6 600 万元、成本为 4 800 万元的通讯设备一套。作为与该设备销售合同相关的一揽子合同的一部分，甲公司同时还与丙公司签订通讯设备维护合同，约定甲公司将在未来 10 年内为丙公司的该套通讯设备提供维护服务，每年收取固定维护费用 600 万元。类似维护服务的市场价格为每年 540 万元。销售的通讯设备已发出，价款至年末尚未收到。

假定不考虑货币时间价值以及税费等其他因素。

要求：

根据资料（1）至（3），分别说明所包含的履约义务并计算甲公司于2022年12月应确认的收入金额，说明理由，并编制与收入确认相关的会计分录（无须编制与成本结转相关的会计分录）。

5. 2022年12月10日，甲公司董事会批准了管理层提出的客户忠诚度计划。该客户忠诚度计划从2023年1月1日起，每10元兑换1个积分，每个积分可在未来3年内购买产品时按1元的折扣兑现。2023年1月1日，客户购买了300 000元的商品，获得可在未来购买时兑现的30 000个积分，对价是固定的，并且已购买的商品的单独售价为300 000元。甲公司预计将有27 000个积分被兑换。基于兑换的可能性估计每个积分的单独售价为1元。

2023年度，有15 000个积分被兑换，并且甲公司继续预计将有27 000个积分被兑换。

2024年度，累计有25 000个积分被兑换，预计将有28 000个积分被兑换。

2025年度，累计有27 500个积分被兑换，同时授予的奖励积分剩余部分失效。

假定不考虑相关税费等因素的影响。

要求：

（1）计算甲公司2023年1月1日授予奖励积分的公允价值、因销售商品应当确认的销售收入，并编制相关会计分录。

（2）计算甲公司2023年度因客户使用奖励积分应当确认的收入，并编制相关会计分录。

（3）计算甲公司2024年度因客户使用奖励积分应当确认的收入，并编制相关会计分录。

（4）计算甲公司2025年度因客户使用奖励积分和授予的奖励积分剩余部分失效应当确认的收入，并编制相关会计分录。

第十二章

利润及其分配

一、单项选择题

1. 下列各项中，对企业净利润产生影响的是（　　）。

A. 盈余公积补亏　　B. 向投资者分配利润

C. 提取法定盈余公积　　D. 确认递延所得税费用

2. 2022 年 11 月 10 日，甲公司与乙公司签订一项合同，为乙公司安装一套设备，安装期 5 个月，合同交易价格为 40 万元（不含增值税），合同开始日乙公司预付 15 万元，余款在安装完成时一次性支付。2022 年甲公司实际发生安装成本 9 万元，预计还将发生安装成本 15 万元。甲公司该合同满足按照履约进度确认收入的条件，甲公司按照成本比例法确定的 2022 年的履约进度为 40%。不考虑增值税等因素的影响，该项合同收入影响甲公司 2022 年度利润总额的金额为（　　）万元。

A. 不影响当年利润　　B. 当年利润增加 7 万元

C. 当年利润增加 6 万元　　D. 当年利润增加 6.4 万元

3. 甲公司 2022 年度主营业务收入为 4 000 万元，主营业务成本为 3 510 万元，其他业务收入为 20 万元，其他业务成本为 10 万元，财务费用为 10 万元，营业外收入为 20 万元，营业外支出为 10 万元，企业所得税税率为 25%。假定不考虑其他因素，甲公司 2022 年度的净利润应为（　　）万元。

A. 341.7　　B. 345

C. 348.4　　D. 375

4. 下列各项中，应计入营业外支出的是（　　）。

A. 支付的广告费　　B. 发生的研究费用

C. 自然灾害造成的存货净损失　　D. 摊销的出租无形资产的账面价值

5. 甲公司 2022 年 5 月发生一场火灾，共计损失 100 万元，其中：流动资产损失 55 万元；固定资产损失 45 万元。经查明事故原因是由于雷击所造成的。企业收到保险公司的赔偿款 40 万元，其中：流动资产保险赔偿款 30 万元，固定资产保险赔偿款 10 万元。企业由于这次火灾损失而应计入营业外支出的金额为（　　）万元。

A. 15　　B. 25

C. 60　　D. 100

6. 下列关于企业采用表结法于年末结转本年利润的表述中，不正确的是（　　）。

A. 各损益类科目每月月末需结出本月发生额

B. 各损益类科目每月月末需结出月末累计余额

C. 各损益类科目每月月末需将本月发生额结转到“本年利润”科目

D. 在年末时需将各损益类科目的全年累计余额结转到“本年利润”科目

7. 工业企业交纳的各种税金中，不通过“税金及附加”科目核算的有（　　）。

A. 消费税　　B. 房产税

C. 印花税　　D. 增值税

8. 甲股份有限公司于2020年12月购入一台设备，原价为3 010万元，预计净残值为10万元，税法规定的折旧年限为5年，按直线法计提折旧，公司按照3年计提折旧，折旧方法与税法相一致。公司所得税税率为25%。除该事项外，历年来无其他纳税调整事项。公司采用资产负债表债务法进行所得税会计处理。该公司2022年年末资产负债表中反映的“递延所得税资产”项目的金额为（　　）万元。

A. 100　　B. 200

C. 800　　D. 900

9. 甲公司2020年12月31日取得的某项机器设备原价为100万元，预计使用年限为10年，会计处理时按照直线法计提折旧，税法处理允许加速折旧，甲公司在计税时对该资产按双倍余额递减法计提折旧，预计净残值为零。2022年12月31日，甲公司对该项固定资产计提了10万元的固定资产减值准备。2022年12月31日，该固定资产的计税基础为（　　）万元。

A. 0　　B. 8

C. 64　　D. 72

10. 下列各项中，产生可抵扣暂时性差异的是（　　）。

A. 期末固定资产账面价值大于其计税基础

B. 期末无形资产账面价值小于其计税基础

C. 以摊余成本计量的金融资产国债利息收入

D. 以公允价值计量且其变动计入其他综合收益的金融资产期末公允价值大于取得时成本

11. 甲股份有限公司2022年12月购入一台设备，原价为3 010万元，预计净残值为10万元，税法规定的折旧年限为5年，按直线法计提折旧，公司按照3年计提折旧，折旧方法与税法相一致。公司所得税税率为25%。除该事项外，历年来无其他纳税调整事项。公司采用资产负债表债务法进行所得税会计处理。甲公司2023年年末该设备产生的可抵扣暂时性差异的余额为（　　）万元。

A. 92　　B. 100

C. 132　　D. 400

12. 下列资产、负债项目的账面价值与其计税基础之间的差额，不确认递延所得税的是（　　）。

A. 企业自行研究开发的专利权

B. 企业因销售产品、提供售后服务确认的预计负债

C. 因非同一控制下免税改组的企业合并初始确认的商誉

D. 期末按公允价值调增以公允价值计量且其变动计入其他综合收益的金融资产的金额

13. 甲公司采用年数总和法计提折旧，税法规定按年限平均法计提折旧。2022 年利润表的利润总额为 500 万元，按年限平均法计提折旧为 100 万元，按年数总和法计提折旧为 130 万元，企业所得税税率为 25%。甲公司 2022 年应交企业所得税税款为（　　）万元。

A. 117.5　　B. 125

C. 132.5　　D. 157.5

二、多项选择题

1. 下列各项中，会导致企业当期营业利润减少的有（　　）。

A. 出售无形资产发生的净损失

B. 计提行政管理部门固定资产折旧

C. 办理银行承兑汇票支付的手续费

D. 出售以公允价值计量且其变动计入当期损益的金融资产发生的净损失

2. 制造业企业甲公司 2022 年发生的研发支出为 360 万元，其中资本化部分为 200 万元。2022 年 7 月 1 日该自行研发的无形资产达到预定可使用状态立即投入使用，预计使用寿命为 10 年，采用年限平均法摊销，无残值。税法规定，未形成无形资产计入当期损益的，在按规定据实扣除的基础上，按研发费用的 100% 加计扣除；形成无形资产的，按无形资产成本的 200% 摊销。税法规定的摊销年限和方法与会计相同，甲公司适用的企业所得税税率为 25%。2022 年 12 月 31 日，甲公司有关无形资产所得税会计处理表述正确的有（　　）。

A. 无形资产账面价值 190 万元

B. 无形资产计税基础为 380 万元

C. 应确认递延所得税资产 47.5 万元

D. 该事项形成可抵扣暂时性差异 190 万元

3. 下列各项中，应当作为资产处置损益核算的有（　　）。

A. 出租无形资产净收益

B. 出售无形资产净收益

C. 以固定资产对外投资发生的评估增值

D. 债务重组过程中固定资产公允价值高于账面价值的差额

4. 下列各项中，属于其他业务成本核算的内容有（　　）。

A. 销售材料结转的材料成本

B. 出租无形资产支付的服务费

C. 随同产品出售单独计价的包装物的成本

D. 出售无形资产结转的无形资产的摊余价值

5. 下列各项中，应计入营业外支出的有（　　）。

A. 公益性捐赠支出　　B. 出售无形资产净损失

C. 火灾造成的存货损毁净损失　　D. 属于无法查明原因的现金短缺

6. 下列各项中，通过营业外收支核算的有（　　）。

A. 固定资产报废净损失

B. 对外出售不需用原材料实现的净损益

C. 转回以摊余成本计量的金融资产的减值准备

D. 预期不能为企业带来经济利益的无形资产转销

7. 下列有关负债计税基础的确定中，正确的有（　　）。

A. 企业因为第三方债务担保确认了预计负债 200 万元，则该项预计负债的账面价值为 200 万元，计税基础为 0

B. 企业因销售商品提供售后三包等原因于当期确认了 100 万元的预计负债，则该预计负债的账面价值为 100 万元，计税基础为 0

C. 企业收到客户的一笔款项 100 万元，因不符合收入确认条件，会计上作为预收账款反映，但符合税法规定的收入确认条件，该笔款项已计入当期应纳税所得额，则预收账款的账面价值为 100 万元，计税基础为 100 万元

D. 企业期末确认应付职工薪酬 100 万元，按照税法规定可以于当期全部扣除，则应付职工薪酬的账面价值为 100 万元，计税基础也是 100 万元

8. 下列各项中，产生暂时性差异的有（　　）。

A. 计提存货跌价准备

B. 确认国债利息收入时同时确认资产

C. 会计上固定资产的账面价值与其计税基础不一致

D. 以现金结算的股份支付确认的应付职工薪酬的余额

9. 下列各项中，产生可抵扣暂时性差异的有（　　）。

A. 预提产品保修费用

B. 计提存货跌价准备

C. 计提以摊余成本计量的金融资产减值准备

D. 在投资企业所得税税率大于被投资企业所得税税率的情况下，投资企业对长期投资采用权益法核算对补交所得税的处理

10. 下列关于企业所得税的表述中，正确的有（　　）。

A. 资产账面价值大于计税基础产生应纳税暂时性差异

B. 企业应将所有可抵扣暂时性差异确认为递延所得税资产

C. 企业应将所有应纳税暂时性差异确认为递延所得税负债

D. 本期递延所得税资产发生额不一定会影响本期所得税费用

11. 下列各项表述中，正确的有（　　）。

A. 企业应当将已支付的所得税超过应支付的部分确认为资产

B. 企业应当将当期和以前期间应交未交的所得税确认为负债

C. 存在应纳税暂时性差异，应当按照所得税准则规定确认递延所得税负债

D. 存在应纳税暂时性差异，应当按照所得税准则规定确认递延所得税资产

12. 下列各项表述中，正确的有（　　）。

A. 递延所得税资产不能计提减值准备

B. 企业当期所得税和递延所得税不一定作为所得税费用或收益计入当期损益

C. 与直接计入权益的交易或者事项相关的当期所得税和递延所得税，应当计入权益

D. 与直接计入权益的交易或者事项相关的当期所得税和递延所得税，应当作为所得税费用或者收益计入当期损益

13. 下列各项表述中，正确的有（　　）。

A. 企业对于能够结转以后年度的可抵扣亏损和税款抵减，应当以很可能获得用来抵扣可抵扣亏损和税款抵减的未来应纳税所得额为限，确认相应的递延所得税资产
B. 企业对于能够结转以后年度的可抵扣亏损和税款抵减，应当以很可能获得用来抵扣可抵扣亏损和税款抵减的未来应纳税所得额为限，确认相应的递延所得税负债
C. 当同时满足“暂时性差异在可预见的未来很可能转回”和“未来很可能获得用来抵扣可抵扣暂时性差异的应纳税所得额”两个条件时，应当确认相应的递延所得税资产
D. 当同时满足“暂时性差异在可预见的未来很可能转回”和“未来很可能获得用来抵扣可抵扣暂时性差异的应纳税所得额”两个条件时，应当确认相应的递延所得税负债

14. 下列各项中，可能使本期所得税费用减少的有（　　）。
A. 本期应交所得税　　B. 本期递延所得税资产借方发生额
C. 本期递延所得税负债借方发生额　　D. 本期递延所得税负债贷方发生额

15. 下列各项表述中，正确的有（　　）。
A. 所得税费用应当在利润表中单独列示
B. 递延所得税资产小于递延所得税负债的差额应当作为负债列示
C. 递延所得税资产大于递延所得税负债的差额应当作为资产列示
D. 递延所得税资产和递延所得税负债应当分别作为非流动资产和非流动负债在资产负债表中列示

三、判断题

1. 营业外收支对企业的利润总额没有影响。（　　）
2. 发生营业外支出，应当减少企业当期的营业利润。（　　）
3. 营业收入、管理费用和销售费用都会影响企业的营业利润。（　　）
4. 制造费用与管理费用不同，本期发生的管理费用直接影响本期损益，而本期发生的制造费用不一定影响本期的损益。（　　）
5. 甲公司年初有上年形成的亏损 25 万元，当年实现利润总额 10 万元。假设甲公司本期无纳税调整事项，则甲公司当年无需交纳企业所得税。（　　）
6. 我国《企业会计准则第 18 号——所得税》规定企业所得税的核算只能采用资产负债表债务法。（　　）
7. 资产的计税基础，是指企业取得时，计算应纳税所得额时按照税法规定可以自应税经济利益中抵扣的金额。（　　）
8. 负债的计税基础，是指负债的账面价值减去未来期间计算应纳税所得额时按照税法规定可予抵扣的金额。（　　）
9. 暂时性差异，是指资产的账面价值与计税基础之间的差额，不包括负债的账面价值与计税基础之间的差额。（　　）
10. 可抵扣暂时性差异，是指在确定未来收回资产或清偿负债期间的应纳税所得额时，将导致产生应纳税金额的暂时性差异。（　　）
11. 应纳税暂时性差异产生递延所得税资产。（　　）

12. 可抵扣暂时性差异产生递延所得税资产。（　）

13. 资产负债表日，有确凿证据表明未来期间很可能获得足够的应纳税所得额用来抵扣可抵扣暂时性差异的，应当确认以前期间未确认的递延所得税资产。（　）

14. 资产负债表日，对于当期和以前期间形成的当期所得税负债（或资产），应当按照税法规定计算的预期应交纳（或返还）的所得税金额计量。（　）

15. 企业应当对递延所得税资产和递延所得税负债进行折现。（　）

16. 适用税率发生变化的，应对已确认的递延所得税资产和递延所得税负债进行重新计量，并一定将其影响数计入变化当期的所得税费用。（　）

17. 资产负债表日，对于递延所得税资产和递延所得税负债，应当根据税法规定，按照取得资产或发生负债当期的适用税率计量。（　）

18. 递延所得税资产和递延所得税负债的计量，应当反映资产负债表日企业预期收回资产或清偿负债方式的所得税影响，即在计量递延所得税资产和递延所得税负债时，应当采用与收回资产或清偿债务的预期方式相一致的税率和计税基础。（　）

19. 在提取法定盈余公积以前，可以向投资者分配利润。（　）

20. 甲公司 2022 年年末结账前“利润分配——未分配利润”科目的借方余额 20 万元，系 2019 年发生的未弥补亏损，当年实现的利润总额为 180 万元，如不考虑其他因素，则甲公司 2022 年应纳税所得额为 160 万元。（　）

四、计算及账务处理题

1. 甲公司 2022 年度按企业所得税法确定的应纳税所得额为 5 000 000 元，适用的企业所得税税率为 25%。甲公司递延所得税负债年初数为 200 000 元，年末数为 250 000 元，递延所得税资产年初数为 125 000 元，年末数为 100 000 元。甲公司所有暂时性差异均与损益直接相关，不考虑其他因素的影响。

要求：

（1）计算甲公司 2022 年应交的企业所得税。

（2）计算甲公司 2022 年所得税费用。

（3）编制甲公司 2022 年所得税核算的会计分录。

2. 宏远公司企业所得税采用资产负债表债务法核算，适用企业所得税税率为 25%。2022 年发生以下业务：

（1）3 月 10 日，购入 A 股票 10 万股，支付价款 100 万元，分类为以公允价值计量且其变动计入当期损益的金融资产；4 月 20 日收到 A 公司宣告并发放的现金股利 5 万元；年末持有的 A 股票的市价为 120 万元。

（2）4 月 28 日，购入 B 股票 100 万股，支付价款 800 万元，分类为以公允价值计量且其变动计入其他综合收益的金融资产；年末持有的 B 股票的市价为 960 万元。

（3）12 月 31 日固定资产账面实际成本 600 万元，预计可收回金额为 540 万元，假设以前未计提过固定资产减值准备。

（4）宏远公司全年累计实现利润 8 000 万元；全年实发工资 2 500 万元，全年合理性工资支出为 2 000 万元，国债利息收入 30 万元，违法经营罚款 30 万元；除上述业务产生的暂时性差异外，全年还发生了其他可抵扣暂时性差异 100 万元，转回了应纳税暂时性差异 40

万元，均与损益直接相关。

（5）预计宏远公司未来有足够的应税所得。

要求：

（1）编制宏远公司2022年与以公允价值计量且其变动计入当期损益的金融资产相关的会计分录。

（2）编制宏远公司2022年与以公允价值计量且其变动计入其他综合收益的金融资产相关的会计分录。

（3）编制宏远公司2022年与固定资产减值相关的会计分录。

（4）计算宏远公司2022年应交的企业所得税。

（5）计算宏远公司2022年12月31日应确认的递延所得税资产和递延所得税负债。

（6）计算宏远公司2022年所得税费用。

（7）编制宏远公司2022年所得税核算的会计分录。

3. 三枪股份有限公司2022年度实现净利润800万元，2023年1月20日，三枪股份有限公司董事会提出如下股利分配方案：按2022年度净利润的10%提取法定盈余公积；按2022年度净利润的5%提取任意盈余公积；向股东分派现金股利400万元；向股东发放股票股利200万股。该股利分配方案获得2023年1月25日的股东大会批准，2023年1月30日现金股利已经通过银行存款转账发放，股票股利登记手续已经办妥。

要求：

（1）编制三枪股份有限公司提取法定盈余公积时的会计分录。

（2）编制三枪股份有限公司提取任意盈余公积时的会计分录。

（3）编制三枪股份有限公司向股东宣告分派现金股利时的会计分录。

（4）编制三枪股份有限公司向股东宣告分派股票股利时的会计分录。

（5）编制三枪股份有限公司向股东分派现金股利时的会计分录。

（6）编制三枪股份有限公司向股东分派股票股利时的会计分录。

（7）编制三枪股份有限公司结转利润分配账户的明细账户时的会计分录。

4. 甲公司2022年度结账前有关损益类科目的余额如下（单位：万元）：

会计科目	借方余额	贷方余额
主营业务收入		2 000
其他业务收入		200
投资收益		150
营业外收入		110
资产处置损益		38
主营业务成本	1 400	
其他业务成本	120	
税金及附加	50	
销售费用	70	
管理费用	162	
财务费用	20	
营业外支出	76	

（1）上表中除“所得税费用”科目外，不存在其他未列损益类科目。

（2）无纳税调整事项。

（3）甲公司适用的企业所得税税率为25%。

（4）甲公司年初未弥补亏损102万元（该亏损发生于2016年，已超过税前弥补的期限），甲公司股东大会决定分别按净利润的10%提取法定盈余公积，向投资者分派现金股利200万元。

要求：

（1）计算甲公司2022年营业利润。

（2）计算甲公司2022年利润总额。

（3）计算甲公司2022年应纳税所得额。

（4）计算甲公司2022年应交所得税。

（5）计算甲公司2022年所得税费用。

（6）编制甲公司2022年所得税核算的会计分录。

（7）编制甲公司2022年本年利润核算的会计分录。

（8）编制甲公司2022年结转本年利润的会计分录。

（9）编制甲公司2022年利润分配的会计分录。

（10）编制甲公司2022年结转利润分配明细科目的会计分录。

第十三章

财务报表

一、单项选择题

1. 企业编制财务报表的列报基础为（　　）。
A. 历史成本　　B. 持续经营
C. 会计分期　　D. 重要性原则

2. 编制资产负债表的资料来源为（　　）。
A. 总账期末余额　　B. 总账本期发生额
C. 总账和某些明细账的期末余额　　D. 总账和某些明细账的本期发生额

3. 企业在编制资产负债表时，其所有者权益排序的依据是（　　）。
A. 按流动性　　B. 按偿还期限
C. 按投入时间　　D. 按其留在企业的永久程度

4. 资产负债表上单独列示的项目有（　　）。
A. 在建工程　　B. 工程物资
C. 累计折旧　　D. 固定资产清理

5. 甲公司年末结账前“应收账款”科目所属明细科目中有借方余额 50 000 元，贷方余额 20 000 元；“预付账款”科目所属明细科目中有借方余额 13 000 元，贷方余额 5 000 元；“应付账款”科目所属明细科目中有借方余额 50 000 元，贷方余额 120 000 元；“预收账款”科目所属明细科目中有借方余额 3 000 元，贷方余额10 000 元；“坏账准备”科目余额为 0。则年末资产负债表中“应收账款”项目和“应付账款”项目的期末数分别为（　　）。
A. 30 000 元和 70 000 元　　B. 47 000 元和 115 000 元
C. 53 000 元和 125 000 元　　D. 63 000 元和 53 000 元

6. 甲公司 2022 年 12 月 31 日固定资产账户余额为 2 000 万元，累计折旧账户余额为 800 万元，固定资产减值准备账户余额为 100 万元，在建工程账户余额为 200 万元。该企业 2022 年 12 月 31 日资产负债表中固定资产项目的金额为（　　）万元。
A. 90　　B. 1 100
C. 1 200　　D. 2 200

7. 甲公司采用计划成本进行材料的日常核算。2022 年 12 月，月初结存材料计划成本为 450 万元，本月收入材料计划成本为 1 050 万元；月初结存材料成本差异为超支 3 万元，本月收入材料成本差异为节约 15 万元；本月发出材料计划成本为1 200 万元。“存货跌价准备”科目 12 月末余额为 2. 1 万元。甲企业 2022 年 12 月 31 日资产负债表中“存货”项目填列金额为（　　）万元。

A. 294.3　　B. 295.5

C. 301.5　　D. 302.4

8. 下列资产负债表项目中，不是根据科目余额减去其备抵项目后的净额填列的项目是（　　）。

A. 固定资产　　B. 无形资产

C. 长期股权投资　　D. 其他权益工具投资

9. 甲公司2022年发生的营业收入为1 000万元，营业成本为600万元，销售费用为20万元，管理费用为50万元，财务费用为10万元，投资收益为40万元，资产减值损失为70万元，公允价值变动损益为80万元（贷方），营业外收入为25万元，营业外支出为15万元。甲公司2022年的营业利润为（　　）万元。

A. 320　　B. 330

C. 370　　D. 390

10. 下列项目不在利润表中“税金及附加”中反映的是（　　）。

A. 增值税　　B. 印花税

C. 消费税　　D. 资源税

11. 2022年12月31日，甲公司计提存货跌价准备500万元，固定资产减值准备2 000万元，无形资产减值准备1 500万元；为交易目的持有的股票投资以公允价值计量，截至年末，股票投资公允价值上升了150万元。在年末计提相关资产减值准备之前，当年存货跌价准备转回400万元。假定不考虑其他因素。在2022年度利润表中，对上述资产价值变动列示方法正确的是（　　）。

A. 资产减值损失列示3 600万元、公允价值变动收益列示150万元

B. 管理费用列示400万元、营业外支出列示2 000万元、公允价值变动收益列示150万元、投资收益列示－1 200万元

C. 管理费用列示400万元、资产减值损失列示3 500万元、公允价值变动收益列示150万元、投资收益列示－1 200万元

D. 管理费用列示400万元、资产减值损失列示2 000万元、公允价值变动收益列示150万元、投资收益列示－1 200万元

12. 现金流量表的编制基础为（　　）。

A. 流动资产　　B. 库存现金

C. 速动资产　　D. 现金及现金等价物

13. 下列项目中，不影响经营活动现金流量的是（　　）。

A. 收到罚款收入　　B. 支付给离退休人员的工资

C. 当期收回前期核销的坏账损失　　D. 支付给固定资产建造工程人员的工资

14. 甲公司2022年度对外公开发行股票1亿股，发行价10元，代理发行的乙证券公司为甲公司支付的各种费用50万元。另外甲公司发行5年期债券2亿元，甲公司与丙证券公司签署承销协议，协议约定，丙公司代理发行该批债券，发行手续费为发行总额的4%，宣传及印刷费由丙证券公司代为支付，并从发行总额中扣除。甲公司支付咨询费10万元、公证费1万元。丙证券公司按面值发行，价款全部收到。支付宣传及印刷费14万元。按协议

发行款已划至甲公司银行账户上，则甲公司编制2022年度现金流量表时，“吸收投资收到的现金”项目的金额为（　　）万元。

A. 99 950　　B. 100 000

C. 119 136　　D. 120 000

15. 下列各项会引起所有者权益总额变化的是（　　）。

A. 盈余公积补亏　　B. 宣告派发现金股利

C. 宣告派发股票股利　　D. 支付已经宣告的现金股利

二、多项选择题

1. 财务报表按编报主体不同，可以分为（　　）。

A. 中期财务报表　　B. 个别财务报表

C. 合并财务报表　　D. 年度财务报表

2. 下列关于财务报告的表述中，正确的有（　　）。

A. 财务报告除了应由单位负责人签字外，还应由注册会计师签字

B. 财务报告除了包括财务报表之外，还包括其他应在财务报告中披露的相关信息与资料

C. 财务报告应反映企业整体的财务状况、经营成果和现金流量，向使用者提供决策有用的信息

D. 财务报告反映会计要素确认与计量的最终结果，是沟通企业管理层和信息使用者之间的桥梁与纽带

3. 下列关于企业对外提供的财务报表的表述中，正确的有（　　）。

A. 年末应提供资产负债表、利润表、现金流量表、所有者权益变动表和附注

B. 中期末至少应提供资产负债表、利润表、现金流量表和附注，报表格式和内容与年报一致

C. 年末应提供资产负债表、利润及利润分配表、现金流量表、所有者权益增减变动表和附注

D. 中期末至少应提供资产负债表、利润表、现金流量表、所有者权益变动表和附注，但报表格式和内容比年报简化

4. 资产负债表中的“存货”项目应根据下列科目余额填列（　　）。

A. 生产成本　　B. 发出商品

C. 材料采购　　D. 合同履约成本

5. 资产负债表应当分类列报的三大类别是（　　）。

A. 资产　　B. 负债

C. 利润　　D. 所有者权益

6. 从资产负债表中，可以分析出下列信息（　　）。

A. 财务安全性　　B. 资金的来源及其构成

C. 偿债能力和支付能力　　D. 经济资源的分布和构成

7. 下列资产负债表项目中，可根据相应账户的期末余额直接填列的有（　　）。

A. 应收账款　　B. 实收资本

C. 应付账款　　D. 其他权益工具投资

8. 下列资产减值准备科目余额，不在资产负债表上单独列示的有（　　）。

A. 存货跌价准备　　B. 无形资产减值准备

C. 固定资产减值准备　　D. 债权投资减值准备

9. 下列经济业务影响企业利润表中“营业利润”项目的有（　　）。

A. 投资收益　　B. 所得税费用

C. 出租固定资产的租金收入　　D. 存货管理不善发生的净损失

10. 下列事项中，可能影响当期利润表中营业利润的有（　　）。

A. 摊销无形资产

B. 计提无形资产减值准备

C. 出租无形资产取得的租金收入

D. 新技术项目研究过程中发生的人工费用

11. 在计算利润表中的基本每股收益时，影响“发行在外普通股加权平均数”的因素有（　　）。

A. 当期回购普通股股数　　B. 当期新发行普通股股数

C. 期初发行在外普通股股数　　D. 当期发行的可转换公司债券

12. 现金流量表将企业一定期间产生的现金流量分为（　　）类。

A. 经营活动　　B. 管理活动

C. 投资活动　　D. 筹资活动

13. 下列各项中，属于企业经营活动产生的现金流量的有（　　）。

A. 收到的出口退税款　　B. 收到长期股权投资的现金股利

C. 转让无形资产所有权取得的价款　　D. 出租无形资产使用权取得的价款

14. 甲公司销售商品收到商业承兑汇票一张，面值 120 000 元，6 个月期，在票据到期前两个月，前往银行贴现，贴现率 10%，该交易对会计报表的影响金额为（　　）。

A. 现金流量表经营活动增加现金流入 118 000 元

B. 现金流量表筹资活动现金流入增加 118 000 元

C. 资产负债表货币资金增加 118 000 元，应收票据减少 120 000 元，利润表财务费用增加 2 000 元

D. 资产负债表货币资金增加 118 000 元，短期借款增加 120 000 元，利润表财务费用增加 2 000 元

15. 下列项目中，上市公司应在其财务报表附注中披露的有（　　）。

A. 企业的基本情况

B. 财务报表的编制基础

C. 遵循企业会计准则的声明

D. 重要会计政策和会计估计

三、判断题

1. 企业应以持续经营为基础，根据实际发生的交易和事项，按企业会计准则的规定进行确认和计量，在此基础上编制财务报表。（　　）

2. 企业必须对外提供资产负债表、利润表和现金流量表，财务报表附注可以不对外提供。（　）

3. 由于会计年度末正值元旦放假，为尽快完成财务报表编报，可以于会计年度结束前提前结账，提前编制财务报表。（　）

4. 企业只有遵循了企业会计准则的所有规定时，财务报表才能被称为"遵循了企业会计准则"。（　）

5. 将前后期的资产负债表对比分析，可以了解到企业财务状况的变化情况。（　）

6. 资产负债表中的"固定资产"项目不应包括融资租入固定资产。（　）

7. 利润表中的"公允价值变动收益"项目，反映企业以公允价值计量且其变动计入当期损益的金融资产等公允价值变动形成的应计入当期损益的利得或损失。（　）

8. 现金流量表只能反映企业与现金有关的经营活动、投资活动和筹资活动。（　）

9. 企业购入两个月到期的国债作为以公允价值计量且其变动计入当期损益的金融资产，不会减少企业投资活动产生的现金净流量。（　）

10. 附注是对资产负债表、利润表、现金流量表和所有者权益变动表等报表中列示项目的文字描述或明细资料，以及对未能在这些报表中列示项目的说明等。（　）

11. 企业不能以附注披露代替确认和计量。（　）

12. 企业应在附注中以文字和数字描述相结合、尽可能以列表的形式披露重要报表项目的构成或当期增减变动情况，并与报表项目相互参照。（　）

13. 上年度财务报表各项目名称和内容同本年度不一致时，应对上年年末资产负债表各项目的名称和数字按本年规定进行调整。（　）

14. 判断财务报表某项目是否重要，应根据企业所处环境，从性质和金额大小两个方面判断。其中判断项目性质的重要性，应考虑该项目是否属于企业日常活动等因素。（　）

四、计算及账务处理题

1. 甲公司 2022 年 12 月 31 日有关账户信息如下：

应收账款 400 万元（借方），其中应收乙公司 500 万元（借方），应收丙公司 100 万元（贷方）；应付账款 300 万元（贷方），其中应付丁公司 350 万元（贷方），应付戊公司 50 万元（借方）；预收账款 230 万元（贷方），其中预收己公司 250 万元（贷方），预收庚公司 20 万元（借方）；预付账款 150 万元（借方），其中预付辛公司 190 万元（借方），预付壬公司 40 万元（贷方）。假如本公司坏账准备的计提比例为 5%，坏账准备账户没有期初余额。

要求：

（1）确定甲公司 2022 年 12 月 31 日资产负债表中应收账款项目应填列的金额。

（2）确定甲公司 2022 年 12 月 31 日资产负债表中应付账款项目应填列的金额。

（3）确定甲公司 2022 年 12 月 31 日资产负债表中预收款项项目应填列的金额。

（4）确定甲公司 2022 年 12 月 31 日资产负债表中预付款项项目应填列的金额。

2. 甲公司 2022 年度有关损益类账户本年累计发生额如下：（单位：元）

科目名称	借方发生额	贷方发生额
主营业务收入		4 500 000
主营业务成本	2 400 000	
其他业务收入		375 000
其他业务成本	225 000	
税金及附加	75 000	
销售费用	90 000	
管理费用	100 000	
财务费用	30 000	
资产减值损失	50 000	
投资收益		300 000
公允价值变动损益		100 000
营业外收入		150 000
营业外支出	120 000	
所得税费用	350 000	

要求：

（1）计算甲公司 2022 年度的营业利润。

（2）计算甲公司 2022 年度的利润总额。

（3）计算甲公司 2022 年度的净利润。

3. 甲公司为上市公司，2022 年至 2024 年的有关资料如下：

（1）2022 年 1 月 1 日发行在外普通股股数为 82 000 万股。

（2）2022 年 5 月 31 日，经股东大会同意并经相关监管部门核准，甲公司以 2022 年 5 月 20 日为股权登记日，向全体股东每 10 股发放 1.5 份认股权证，共计发放 12 300 万份认股权证，每份认股权证可以在 2023 年 5 月 31 日按照每股 6 元的价格认购 1 股甲公司普通股。

2023 年 5 月 31 日，认股权证持有人全部行权，甲公司收到认股权证持有人交纳的股款 73 800 万元。2023 年 6 月 1 日，甲公司办理完成工商变更登记，将注册资本变更为 94 300 万元。

（3）2024 年 9 月 25 日，经股东大会批准，甲公司以 2024 年 6 月 30 日股份94 300万股为基数，向全体股东每 10 股派发 2 股股票股利。

（4）甲公司归属于普通股股东的净利润 2022 年度为 36 000 万元，2023 年度为 54 000 万元，2024 年度为 40 000 万元。

（5）甲公司股票 2022 年 6 月至 2022 年 12 月平均市场价格为每股 10 元，2023 年 1 月至 2023 年 5 月平均市场价格为每股 12 元。

本题假定不存在其他股份变动因素。

要求：

（1）计算甲公司2022年度利润表中列示的基本每股收益和稀释每股收益。

（2）计算甲公司2023年度利润表中列示的基本每股收益和稀释每股收益。

（3）计算甲公司2024年度利润表中列示的基本每股收益和稀释每股收益以及经重新计算的比较数据。

4. 甲公司增值税采用一般计税方法，2022年有关资料如下：

（1）2022年度主营业务收入为1 000万元，增值税销项税额为130万元；应收款项期初余额为100万元，期末余额为150万元。合同负债期初余额为50万元，期末余额为60万元。假定不考虑其他因素。

（2）2022年度净利润为600万元，投资收益为100万元，与筹资活动有关的财务费用为50万元，经营性应收项目增加75万元，经营性应付项目减少25万元，固定资产折旧为40万元，无形资产摊销为10万元。假设没有其他影响经营活动现金流量的项目。

（3）“交易性金融资产”账户本期贷方发生额为100万元，“投资收益——转让以公允价值计量且其变动计入当期损益的金融资产收益”贷方发生额为5万元；“长期股权投资”账户本期贷方发生额为200万元，该项投资未计提减值准备，“投资收益——转让长期股权投资收益”贷方发生额为6万元。假定转让上述投资均收到现金。

（4）2022年度发生的管理费用为2 200万元，其中：以现金支付退休职工统筹退休金350万元和管理人员工资950万元，存货盘亏损失25万元，计提固定资产折旧420万元，无形资产摊销200万元，其余均以现金支付。

（5）2022年期初应付股利30 000元，本期宣布并发放现金股利70 000元，期末应付股利10 000元。

（6）2022年前期出口商品一批，已交纳增值税，按规定应退增值税13 000元，前期未退，本期以转账方式收讫；本期收到的教育费附加返还款2 000元。

要求：

（1）计算甲公司2022年度现金流量表中“销售商品、提供劳务收到的现金”项目的金额。

（2）计算甲公司2022年经营活动产生的现金流量净额。

（3）计算甲公司2022年“收回投资所收到的现金”项目的金额。

（4）计算甲公司2022年“支付的其他与经营活动有关的现金”项目的金额。

（5）计算甲公司2022年现金流量表中“分配股利、利润或偿付利息支付的现金”项目的金额。

（6）计算甲公司2022年现金流量表中“收到的税费返还”项目的金额。

五、综合题

资料：

甲股份有限公司（以下简称“甲公司”）增值税采用一般计税方法，适用的增值税税率为13%，适用的企业所得税税率为25%，原材料和周转材料按计划成本核算。该公司2023年1月1日有关科目的余额见下表。

科目余额表

单位：元

科目名称	借方余额	科目名称	贷方余额
库存现金	4 000	坏账准备	1 800
银行存款	2 560 000	累计折旧	800 000
其他货币资金	248 600	累计摊销	100 000
交易性金融资产	30 000	短期借款	600 000
应收票据	492 000	应付票据	400 000
应收账款	600 000	应付账款	1 907 600
预付账款	200 000	其他应付款	100 000
其他应收款	10 000	应付职工薪酬	220 000
材料采购	450 000	应交税费	73 650
原材料	1 100 000	应付利息	2 000
周转材料——低值易耗品	176 100	长期借款	3 200 000
库存商品	3 360 000	其中：一年内到期的长期借款	2 000 000
材料成本差异	73 900	股本	10 000 000
长期股权投资	500 000	资本公积	30 000
固定资产	3 000 000	盈余公积	50 000
在建工程	3 000 000	利润分配（未分配利润）	20 000
无形资产	1 300 000		
长期待摊费用	400 000		
递延所得税资产	450		
合　计	17 505 050	合　计	17 505 050

甲公司 2023 年发生的经济业务如下：

（1）收到银行通知，用银行存款支付到期的商业承兑汇票 200 000 元，增值税已于前期支付。

（2）购入原材料一批，用银行存款支付货款 300 000 元、增值税进项税额39 000元，款项已付，材料尚未收到。

（3）收到原材料一批，实际成本 200 000 元，计划成本 190 000 元，材料已验收入库，货款已于上月支付。

（4）用银行汇票支付采购材料价款，公司收到开户银行转来银行汇票多余款收账通知。通知上填写的多余 8 452 元，购入材料实际成本 199 600 元，支付的增值税税额 25 948 元。原材料已验收入库，该批原材料计划价格 200 000 元。

（5）销售产品一批，销售价款 600 000 元（不含应收取的增值税），产品已发出，价款未收到。

（6）公司将以公允价值计量且其变动计入当期损益的金融资产（全部为股票投资）转让，取得时的成本为 30 000 元，所得款项 33 000 元已存入银行。

（7）购入不需要安装的生产设备一台，价款 170 000 元，增值税进项税额 22 100 元，价款和税款均以银行存款支付。设备已交付使用。

（8）购入集体福利工程物资一批，价款300 000元（含增值税，且增值税不允许抵扣），已用银行存款支付。

（9）在建工程应付工资400 000元，应付职工福利费56 000元，应付工程相关税费200 000元。

（10）在建工程应负担的长期借款利息为300 000元。该项长期借款为分期付息、到期还本借款，无利息调整。

（11）一项在建工程完工，交付生产部门使用，已办理竣工手续，交付使用的固定资产价值为2 800 000元。

（12）基本生产车间一台机床报废，原价400 000元，已提折旧360 000元，发生清理费用1 000元，取得残值收入1 600元，均通过银行存款收支。该项固定资产已清理完毕。

（13）从银行借入3年期借款800 000元，借款已存入银行账户，该项借款用于购建固定资产。

（14）销售产品一批，销售价款1 400 000元，应收的增值税销项税额182 000元，货款及税款已收到并已存入开户银行。

（15）公司将到期的一张面值为400 000元的不带息银行承兑汇票（不含增值税），连同解讫通知和进账单交银行办理转账。收到银行盖章退回的进账单一联。款项已存入银行。

（16）被投资单位宣告分派现金股利，公司应收60 000元（该项股权投资采用成本法核算，被投资企业适用企业所得税税率和本公司一致，均为25%），现金股利已存入银行。

（17）公司出售一台不需用设备，收到价款600 000元，款项已存入银行。该设备原价800 000元，已提折旧300 000元，未计提减值准备，不考虑相关税费。该项设备已交付购买单位。

（18）确认应付并计入本期损益的借款利息共43 000元。其中，短期借款利息23 000元，长期借款利息20 000元，该项长期借款为分期付息、到期还本借款，无利息调整。

（19）提取现金1 000 000元，准备发放工资。

（20）以现金发放工资1 000 000元，其中包括发放给在建工程人员的工资400 000元。

（21）将应支付的职工工资600 000元分配计入成本费用（不包括在建工程应负担的工资）。其中，生产人员工资550 000元，车间管理人员工资20 000元，行政管理部门人员工资30 000元。

（22）将应支付的职工福利费84 000元分配计入成本费用（不包括在建工程应负担的福利费56 000元）。其中，生产工人福利费77 000元，车间管理人员福利费2 800元，行政管理部门福利费4 200元。

（23）归还短期借款本金500 000元，应付利息25 000元。

（24）基本生产车间生产产品领用原材料，计划成本1 400 000元；基本生产车间领用低值易耗品，计划成本100 000元，采用一次摊销法摊销。

（25）结转领用原材料和低值易耗品应分摊的材料成本差异，材料成本差异率为5%（超支）。

（26）本期无形资产摊销金额为120 000元，全部计入管理费用。

（27）本期固定资产计提折旧金额为400 000元。其中，计入制造费用340 000元，计入管理费用 60 000 元。

（28）收到应收账款 102 000 元（不含增值税），存入银行。期末对应收账款计提坏账准备 1 800 元。

（29）用银行存款支付产品展览费 20 000 元。

（30）计算并结转本期完工产品成本 2 564 800 元。没有期初在产品，本期生产的产品全部完工入库。

（31）用银行存款支付广告费 20 000 元。

（32）公司采用银行承兑汇票结算方式销售产品一批，价款 500 000 元，增值税销项税额为 65 000 元，收到 565 000 元的不带息银行承兑汇票 1 张。

（33）公司将上述不带息银行承兑汇票到银行办理贴现（满足终止确认条件），贴现息为 40 000 元，贴现后款项已存入银行。

（34）公司本期产品销售应交纳的教育费附加为 4 000 元。

（35）用银行存款交纳增值税 200 000 元、教育费附加 4 000 元。

（36）结转本期产品销售成本 1 500 000 元。

（37）将各损益类科目发生额结转至本年利润。

（38）假定经计算本年所得税费用为 204 798 元，因计提坏账准备而应确认递延所得税资产 450 元。

（39）结转本年利润。

（40）提取法定盈余公积金 57 580. 20 元，任意盈余公积金 28 790. 10 元，宣告分派现金股利 64 431. 70 元，将利润分配各明细科目的余额转入“利润分配——未分配利润”明细科目。

（41）偿还长期借款本金 2 000 000 元。

（42）用银行存款交纳企业所得税 194 178 元。

（43）2023 年 12 月 31 日，甲公司不存在一年内到期的非流动资产和一年内到期的非流动负债。不考虑其他因素的影响。

要求：

（1）根据上述资料编制相应的会计分录。

（2）编制甲股份有限公司 2023 年 12 月 31 日的科目余额表（直接填列附表 1）。

（3）编制甲股份有限公司 2023 年 1 月 1 日和 2023 年 12 月 31 日的比较资产负债表（直接填列附表 2）。

（4）编制甲股份有限公司 2023 年度利润表（直接填列附表 3）。

（5）编制采用工作底稿法编制甲股份有限公司 2023 年度现金流量表时的工作底稿（直接填列附表 4）。

（6）编制甲股份有限公司 2023 年度现金流量表（直接填列附表 5）。

（7）编制甲股份有限公司 2023 年度现金流量表补充资料附表（直接填列附表 6）。

（8）编制甲股份有限公司 2023 年度所有者权益变动表（直接填列附表 7）。

附表 1

科目余额表

编制单位：甲股份有限公司　　　　2023 年 12 月 31 日　　　　单位：元

科目名称	借方余额	科目名称	贷方余额
库存现金		坏账准备	
银行存款		累计折旧	
其他货币资金		累计摊销	
交易性金融资产		短期借款	
应收票据		应付票据	
应收账款		应付账款	
预付账款		其他应付款	
其他应收款		应付职工薪酬	
材料采购		应交税费	
原材料		应付利息	
周转材料——低值易耗品		应付股利	
库存商品		长期借款	
材料成本差异		其中：一年内到期的长期借款	
长期股权投资		股本	
固定资产		其他权益工具	
工程物资		资本公积	
在建工程		其他综合收益	
无形资产		盈余公积	
长期待摊费用		利润分配（未分配利润）	
递延所得税资产			
合　　计		合　　计	

附表 2

资产负债表

会企 01 表

编制单位：甲股份有限公司　　　　2023 年 12 月 31 日　　　　单位：元

资　　产	期末余额	上年年末余额	负债和所有者权益	期末余额	上年年末余额
流动资产：			流动负债：		
货币资金			短期借款		
交易性金融资产			交易性金融负债		
衍生金融资产			衍生金融负债		
应收票据			应付票据		
应收账款			应付账款		
预付款项			预收款项		
其他应收款			合同负债		
存货			应付职工薪酬		
合同资产			应交税费		
持有待售资产			其他应付款		
一年内到期的非流动资产			持有待售负债		

续表

资　　产	期末余额	上年年末余额	负债和所有者权益	期末余额	上年年末余额
其他流动资产			一年内到期的非流动负债		
流动资产合计			其他流动负债		
非流动资产：			流动负债合计		
债权投资			非流动负债：		
其他债权投资			长期借款		
长期应收款			应付债券		
长期股权投资			其中：优先股		
其他权益工具投资			永续债		
其他非流动金融资产			租赁负债		
投资性房地产			长期应付款		
固定资产			预计负债		
在建工程			递延收益		
生产性生物资产			递延所得税负债		
油气资产			其他非流动负债		
使用权资产			非流动负债合计		
无形资产			负债合计		
开发支出			所有者权益：		
商誉			实收资本（或股本）		
长期待摊费用			其他权益工具		
递延所得税资产			其中：优先股		
其他非流动资产			永续债		
非流动资产合计			资本公积		
			减：库存股		
			其他综合收益		
			盈余公积		
			未分配利润		
			所有者权益合计		
资产总计			负债和所有者权益总计		

附表 3

利 润 表

会企 02 表

编制单位：甲股份有限公司　　2023 年度　　单位：元

项　　目	本期金额	上期金额
一、营业收入		
减：营业成本		
税金及附加		
销售费用		
管理费用		
研发费用		
财务费用		
其中：利息费用		

续表

项　　目	本期金额	上期金额
利息收入		
加：其他收益		
投资收益（损失以“-”号填列）		
其中：对联营企业和合营企业的投资收益		
以摊余成本计量的金融资产终止确认收益（损失以“-”号填列）		
净敞口套期收益（损失以“-”号填列）		
公允价值变动收益（损失以“-”号填列）		
信用减值损失（损失以“-”号填列）		
资产减值损失（损失以“-”号填列）		
资产处置收益（损失以“-”号填列）		
二、营业利润（亏损以“-”号填列）		
加：营业外收入		
减：营业外支出		
三、利润总额（亏损总额以“-”号填列）		
减：所得税费用		
四、净利润（净亏损以“-”号填列）		
（一）持续经营净利润（净亏损以“-”号填列）		
（二）终止经营净利润（净亏损以“-”号填列）		
五、其他综合收益的税后净额		
（一）不能重分类进损益的其他综合收益		
1. 重新计量设定受益计划变动额		
2. 权益法下不能转损益的其他综合收益		
3. 其他权益工具投资公允价值变动		
4. 企业自身信用风险公允价值变动		
……		
（二）将重分类进损益的其他综合收益		
1. 权益法下可转损益的其他综合收益		
2. 其他债权投资公允价值变动		
3. 金融资产重分类计入其他综合收益的金额		
4. 其他债权投资信用减值准备		
5. 现金流量套期储备		
6. 外币财务报表折算差额		
……		
六、综合收益总额		
七、每股收益		
（一）基本每股收益		
（二）稀释每股收益		

附表 4 编制现金流量表的工作底稿

项 目	上年年末余额	调整分录		期末余额/本期金额
		借方	贷方	
一、资产负债表项目				
货币资金				
交易性金融资产				
衍生金融资产				
应收票据				
应收账款				
预付款项				
其他应收款				
存货				
合同资产				
持有待售资产				
一年内到期的非流动资产				
其他流动资产				
债权投资				
其他债权投资				
长期应收款				
长期股权投资				
其他权益工具投资				
其他非流动金融资产				
投资性房地产				
固定资产				
在建工程				
生产性生物资产				
油气资产				
使用权资产				
无形资产				
开发支出				
商誉				
长期待摊费用				
递延所得税资产				
其他非流动资产				
资产总计				
短期借款				
交易性金融负债				
衍生金融负债				
应付票据				
应付账款				
预收款项				
合同负债				

续表

项　　目	上年年末余额	调整分录		期末余额/本期金额
		借方	贷方	
应付职工薪酬				
应交税费				
其他应付款				
持有待售负债				
一年内到期的非流动负债				
其他流动负债				
长期借款				
应付债券				
租赁负债				
长期应付款				
预计负债				
递延收益				
递延所得税负债				
其他非流动负债				
实收资本（或股本）				
其他权益工具				
资本公积				
其他综合收益				
盈余公积				
未分配利润				
负债和所有者权益合计				
二、利润表项目				
营业收入				
营业成本				
税金及附加				
销售费用				
管理费用				
研发费用				
财务费用				
其他收益				
投资收益				
净敞口套期收益				
公允价值变动收益				
信用减值损失				
资产减值损失				
资产处置收益				
营业外收入				
营业外支出				
所得税费用				

续表

项　　目	上年年末余额	调整分录		期末余额/本期金额
		借方	贷方	
净利润				
三、现金流量表项目				
（一）经营活动产生的现金流量				
销售商品、提供劳务收到的现金				
收到的税费返还				
收到其他与经营活动有关的现金				
现金流入小计				
购买商品、接受劳务支付的现金				
支付给职工以及为职工支付的现金				
支付的各项税费				
支付其他与经营活动有关的现金				
现金流出小计				
经营活动产生的现金流量净额				
（二）投资活动产生的现金流量				
收回投资收到的现金				
取得投资收益收到的现金				
处置固定资产、无形资产和其他长期投资收到的现金净额				
处置子公司及其他营业单位收到的现金净额				
收到其他与投资活动有关的现金				
现金流入小计				
购建固定资产、无形资产和其他长期资产支付的现金				
投资支付的现金				
取得子公司及其他营业单位支付的现金净额				
支付其他与投资活动有关的现金				
现金流出小计				
投资活动产生的现金流量净额				
（三）筹资活动产生的现金流量				
吸收投资收到的现金				
取得借款收到的现金				
收到其他与筹资活动有关的现金				
现金流入小计				
偿还债务支付的现金				
分配股利、利润或偿还利息支付的现金				
支付其他与筹资活动有关的现金				
现金流出小计				
筹资活动产生的现金流量净额				
（四）现金及现金等价物净增加额				
调整分录借贷合计				

附表 5

现金流量表

会企 03 表

编制单位：甲股份有限公司　　2023 年度　　单位：元

项　　目	本期金额	上期金额
一、经营活动产生的现金流量：		（略，下同）
销售商品、提供劳务收到的现金		
收到的税费返还		
收到其他与经营活动有关的现金		
经营活动现金流入小计		
购买商品、接受劳务支付的现金		
支付给职工以及为职工支付的现金		
支付的各项税费		
支付其他与经营活动有关的现金		
经营活动现金流出小计		
经营活动产生的现金流量净额		
二、投资活动产生的现金流量：		
收回投资收到的现金		
取得投资收益收到的现金		
处置固定资产、无形资产和其他长期资产收回的现金净额		
处置子公司及其他营业单位收到的现金净额		
收到其他与投资活动有关的现金		
投资活动现金流入小计		
购建固定资产、无形资产和其他长期资产支付的现金		
投资支付的现金		
取得子公司及其他营业单位支付的现金净额		
支付其他与投资活动有关的现金		
投资活动现金流出小计		
投资活动产生的现金流量净额		
三、筹资活动产生的现金流量：		
吸收投资收到的现金		
取得借款收到的现金		
收到其他与筹资活动有关的现金		
筹资活动现金流入小计		
偿还债务支付的现金		
分配股利、利润或偿付利息支付的现金		
支付其他与筹资活动有关的现金		
筹资活动现金流出小计		
筹资活动产生的现金流量净额		

续表

项　目	本期金额	上期金额
四、汇率变动对现金及现金等价物的影响		
五、现金及现金等价物净增加额		
加：期初现金及现金等价物余额		
六、期末现金及现金等价物余额		

附表6　　现金流量表补充资料附表

项　目	本期金额	上期金额
1. 将净利润调节为经营活动现金流量：		
净利润		（略，下同）
加：资产减值准备		
信用损失准备		
固定资产折旧、油气资产折耗、生产性生物资产折旧、使用权资产折旧		
无形资产摊销		
长期待摊费用摊销		
处置固定资产、无形资产和其他长期资产的损失（收益以“－”号填列）		
固定资产报废损失（收益以“－”号填列）		
公允价值变动损失（收益以“－”号填列）		
财务费用（收益以“－”号填列）		
投资损失（收益以“－”号填列）		
递延所得税资产减少（增加以“－”号填列）		
递延所得税负债增加（减少以“－”号填列）		
存货的减少（增加以“－”号填列）		
经营性应收项目的减少（增加以“－”号填列）		
经营性应付项目的增加（减少以“－”号填列）		
其他		
经营活动产生的现金流量净额		
2. 不涉及现金收支的重大投资和筹资活动：		
债务转为资本		
一年内到期的可转换公司债券		
3. 现金及现金等价物净变动情况：		
现金的期末余额		
减：现金的期初余额		
加：现金等价物的期末余额		
减：现金等价物的期初余额		
现金及现金等价物净增加额		

附表 7

所有者权益变动表

会企 04 表

编制单位：甲股份有限公司　　2023 年度　　单位：元

项目	本年金额								上年金额（略）							
	实收资本（或股本）	其他权益工具	资本公积	减：库存股	其他综合收益	盈余公积	未分配利润	所有者权益合计	实收资本（或股本）	其他权益工具	资本公积	减：库存股	其他综合收益	盈余公积	未分配利润	所有者权益合计
一、上年年末余额																
加：会计政策变更																
前期差错更正																
二、本年年初余额																
三、本年增减变动金额（减少以“－”号填列）																
（一）综合收益总额																
（二）所有者投入和减少资本																
1. 所有者投入资本（或普通股）																
2. 其他权益工具持有者投入资本																
3. 股份支付计入所有者权益的金额																
4. 其他																
（三）利润分配																
1. 提取盈余公积																
2. 对所有者（或股东）的分配																
3. 其他																
（四）所有者权益内部结转																
1. 资本公积转增资本（或股本）																
2. 盈余公积转增资本（或股本）																
3. 盈余公积弥补亏损																
4. 设定受益计划变动额结转留存收益																
5. 其他综合收益结转留存收益																
6. 其他																
四、本年年末余额																

模拟试卷（一）

一、单项选择题

1. 下列各项中，属于反映企业财务状况的会计要素是（　　）。

A. 资产　　B. 收入

C. 费用　　D. 利润

2. 企业出现的现金短款，无法查明原因时，按照管理权限经批准后，应计入（　　）。

A. 财务费用　　B. 管理费用

C. 其他应收款　　D. 营业外收入

3. 企业采用预期信用损失模型对应收账款计提坏账准备，应计入的损益类会计科目是（　　）。

A. 财务费用　　B. 管理费用

C. 资产减值损失　　D. 信用减值损失

4. 蓝星公司对其发出材料采用先进先出法计价，2022 年 12 月 1 日库存 A 材料 15 000 公斤，实际成本为 150 000 元；12 月 2 日购买 A 材料 120 000 公斤，单价 11 元；12 月 18 日购买 A 材料 90 000 公斤，单价 12 元；12 月 6 日发出 A 材料 90 000 公斤。2022 年 12 月 31 日蓝星公司结存 A 材料金额为（　　）元。

A. 1 485 000　　B. 1 515 000

C. 1 530 000　　D. 1 575 000

5. 甲公司对其固定资产采用年数总和法计提折旧时，年折旧额（　　）。

A. 逐年递减　　B. 逐年递增

C. 各年不变　　D. 有时增加有时减少

6. 下列各项中，不能确认为企业无形资产的是（　　）。

A. 自创的商誉　　B. 自创的专利权

C. 购入的专利权　　D. 购入的商标权

7. 甲公司于 2022 年 12 月 5 日从证券市场上购入乙公司发行在外的股票 100 万股作为以公允价值计量且其变动计入当期损益的金融资产，每股支付价款 5 元（含已宣告但尚未发放的现金股利 1 元），另支付相关交易费用 8 万元，甲公司确认为以公允价值计量且其变动计入当期损益的金融资产的入账价值为（　　）万元。

A. 400　　B. 408

C. 500　　D. 508

8. 甲公司增值税采用一般计税方法，其发生的下列税费中，不应计入相应资产成本的是（　　）。

A. 购入商品的进口关税
B. 收购未税矿产品代扣代缴的资源税
C. 购置用于不动产扩建工程的工程材料支付的增值税
D. 购入作为非货币性福利发放给生产工人的商品支付的增值税

9. 企业采用预收款方式销售产品，应将预收的货款计入（　　）。
A. 应收账款　　B. 预收账款
C. 合同负债　　D. 递延收益

10. 下列各项中，应确认为工业企业其他业务收入的是（　　）。
A. 罚款收入　　B. 材料销售收入
C. 出售固定资产利得　　D. 出售无形资产利得

二、多项选择题

1. 企业持有的下列票据，应在“其他货币资金”账户核算的有（　　）。
A. 现金支票　　B. 银行本票
C. 银行汇票　　D. 商业汇票

2. 下列各项支出中，应构成工业企业外购存货入账价值的有（　　）。
A. 买价　　B. 运杂费
C. 运输途中的合理损耗　　D. 入库前的挑选整理费用

3. 我国存货准则规定，确定发出存货成本时，企业可以采用方法有（　　）。
A. 先进先出法　　B. 后进先出法
C. 个别计价法　　D. 移动加权平均法

4. 下列有关其他权益工具投资会计处理的表述中，正确的有（　　）。
A. 其他权益工具投资期末应采用公允价值计量
B. 其他权益工具投资发生的公允价值下降损失应计入当期损益
C. 取得其他权益工具投资发生的交易费用应计入资产成本
D. 其他权益工具投资持有期间取得的现金股利应冲减资产成本

5. 长期股权投资权益法的适用范围是（　　）。
A. 对子公司的权益性投资
B. 对合营企业的权益性投资
C. 对联营企业的权益性投资
D. 对被投资企业不具有控制、共同控制或重大影响的权益性投资

6. 下列各项中，应通过“固定资产清理”账户核算的有（　　）。
A. 盘亏的固定资产　　B. 出售的固定资产
C. 报废的固定资产　　D. 毁损的固定资产

7. 下列人员的薪酬，应直接计入当期损益的有（　　）。
A. 董事会成员　　B. 监事会成员
C. 生产车间工人　　D. 公司总部管理人员

8. 对合同中存在重大融资成分的商品销售，下列表述中正确的有（　　）。
A. 企业应当按照合同价格确定交易价格

B. 企业应当按照合同价格的现值确定交易价格

C. 交易价格与合同对价之间的差额，应当在合同期间内采用实际利率法摊销

D. 企业应当按照假定客户在取得商品控制权时即以现金支付的应付金额确定交易价格

9. 下列各项中，会形成可抵扣暂时性差异的有（　　）。

A. 计提坏账准备

B. 计提存货跌价准备

C. 预提产品包修费用

D. 确认以公允价值计量且其变动计入当期损益的金融资产公允价值变动损失

10. 财务报表按编报主体不同，可以分为（　　）。

A. 中期财务报表　　B. 个别财务报表

C. 合并财务报表　　D. 年度财务报表

三、判断题

1. 谨慎性要求不仅要核算可能发生的收入，也要核算可能发生的费用和损失。（　　）

2. 为了简化现金收支手续，企业可随时坐支现金。（　　）

3. 如果以前减计存货价值的影响因素已经消失，则应在原已计提的存货跌价准备的金额内转回。（　　）

4. 存货发出计价方法的选择直接影响着资产负债表中资产总额的多少，而与利润表中净利润的大小无关。（　　）

5. 企业发生的与固定资产有关的后续支出，符合固定资产确认条件的，应当计入固定资产成本；不符合固定资产确认条件的，应当在发生时计入当期损益。（　　）

6. 固定资产减值损失一经确认，在以后会计期间不得转回。（　　）

7. 处置以摊余成本计量的金融资产时，应将所取得价款与该投资账面价值之间的差额计入投资收益。（　　）

8. 因为应收账款可能发生坏账，将来收取的货币是不确定的。因此，应收账款属于非货币性资产。（　　）

9. 企业以主要责任人身份销售商品时，应当按照总额法确认收入。（　　）

10. 企业用当年实现的利润弥补以前年度亏损时，应编制专门的会计分录。（　　）

四、计算及账务处理题

1. 甲公司2022年10月发生的有关现金清查业务资料如下：

（1）在20日的现金清查中发现盘盈100元。

（2）22日经核查，20日盘盈现金100元系少付李斯的补助款。

（3）在25日的现金清查中发现现金短缺300元，原因不明。

（4）27日经核查，25日的现金短缺其中200元属出纳员私自借款，已经收回；其余100元无法查明原因，批准转账。

要求：

（1）编制甲公司2022年10月20日发现现金盘盈的会计分录。

（2）编制甲公司2022年10月22日对盘盈现金核查结果的会计分录。

（3）编制甲公司2022年10月25日发现现金短缺的会计分录。

（4）编制甲公司2022年10月27日对现金短缺核查结果的会计分录。

2. 甲公司增值税采用一般计税方法，于2022年1月1日向乙公司售出2 000件商品，单位价格500元，单位成本400元，开出的增值税专用发票上注明的销售价款为1 000 000元，增值税税额为130 000元。协议约定，购货方应于4月1日前付款。商品已经发出，满足收入确认条件。甲公司在2022年2月6日收到货款存入银行。

要求：

（1）编制甲公司2022年1月1日确认销售收入时的会计分录。

（2）编制甲公司2022年1月1日结转销售商品成本时的会计分录。

（3）编制甲公司2022年2月6日收款时的会计分录。

3. 2022年3月2日，甲公司以每股2.05元的价格（含已宣告但尚未发放的现金股利0.05元）购入乙公司股票200万股分类为以公允价值计量且其变动计入当期损益的金融资产，另支付相关税费5万元；2022年3月20日收到现金股利；2022年6月30日该股票每股市价为1.90元；2022年8月10日以每股2.5元的价格出售该以公允价值计量且其变动计入当期损益的金融资产，相关税费6万元已直接从出售价款中扣除。

要求：

（1）编制甲公司2022年3月2日取得投资时的会计分录。

（2）编制甲公司2022年3月20日收到现金股利时的会计分录。

（3）编制甲公司2022年6月30日对持有乙公司股票期末计量时的会计分录。

（4）编制甲公司2022年8月10日出售乙公司股票时的会计分录。

4. 甲公司增值税采用一般计税方法，2022年12月1日库存A材料1 000公斤，每公斤计划成本为100元，材料成本差异率为-2%，12月发生的该材料采购和发出业务资料如下：

（1）12月5日以商业承兑汇票方式购入A材料2 000公斤，每公斤买价为100元，杂费4 000元，增值税专用发票注明的增值税为26 000元。

（2）12月20日以转账支票方式购进A材料1 000公斤，每公斤买价为99元，增值税专用发票注明的增值税为12 870元。

（3）12月发出A材料汇总表列明，产品生产领用A材料1 500公斤，生产部门一般性消耗A材料500公斤，公司在建工程项目（生产用设备安装）领用A材料1 200公斤。

要求：

（1）编制甲公司2022年12月5日购入材料时的会计分录。

（2）编制甲公司2022年12月20日购入材料时的会计分录。

（3）编制甲公司2022年12月发出材料时的会计分录。

（4）计算甲公司2022年12月末的材料成本差异率。

（5）编制甲公司2022年12月结转材料成本差异时的会计分录。

模拟试卷（二）

一、单项选择题

1. 委托加工应纳消费税物资（非金银首饰）收回后，若将其用于连续生产应税消费品时，由受托方代扣代缴的消费税应记入的科目是（　　）。

A. 管理费用　　B. 税金及附加

C. 委托加工物资　　D. 应交税费——应交消费税

2. 甲公司2022年1月1日取得乙公司40%的股权，对乙公司财务与经营政策有重大影响，并准备长期持有。2022年乙公司利润表报告净利润800万元，在考虑了其他因素对乙公司净利润的影响进行调整后，甲公司确认了该项投资的投资收益260万元。2023年3月1日乙公司宣告分派现金股利700万元，甲公司此时应调减“长期股权投资——损益调整”账户（　　）万元。

A. 0　　B. 260

C. 280　　D. 320

3. 甲公司2019年12月取得一项设备，其初始入账金额为900万元，预计使用年限为5年，预计净残值为15万元，按年数总和法计提折旧。甲公司在2022年对该设备应计提的折旧额为（　　）万元。

A. 150　　B. 160

C. 177　　D. 189

4. 下列各项中，不能确认为无形资产的是（　　）。

A. 商誉　　B. 商标权

C. 专利权　　D. 自用土地使用权

5. 下列项目中，属于在某一时点确认收入的是（　　）。

A. 酒店管理服务

B. 为客户建造办公大楼

C. 为客户定制的具有可替代用途的产品

D. 企业履约过程中所产出的商品具有不可替代用途，且该企业在整个合同期间内有权就累计至今已完成的履约部分收取款项

6. 下列各项资产减值准备中，在相应资产的持有期间内可以转回的是（　　）。

A. 固定资产减值准备　　B. 债权投资减值准备

C. 无形资产减值准备　　D. 长期股权投资减值准备

7. 下列各项中，不属于企业职工薪酬准则中规定的职工范畴的是（　　）。

A. 临时雇员　　B. 兼职会计

C. 监事人员 D. 企业聘请的注册会计师

8. 资产负债表日，按摊余成本和实际利率计算确定的长期借款利息费用，不能借记的科目是（ ）。

A. 在建工程 B. 财务费用

C. 研发支出 D. 营业外支出

9. 年末结账后，企业“利润分配”所属明细账可能存在余额的是（ ）。

A. 利润分配——未分配利润

B. 利润分配——应付现金股利

C. 利润分配——提取法定盈余公积

D. 利润分配——提取任意盈余公积

10. 在企业收回资产账面价值的过程中，计算应纳税所得额时按税法规定可以自应税经济利益中抵扣的金额，称为（ ）。

A. 资产的账面净值 B. 资产的账面价值

C. 资产的账面余额 D. 资产的计税基础

二、多项选择题

1. 下列各项对资产的有关表述，正确的有（ ）。

A. 预期在未来发生的交易或者事项也会形成资产

B. 企业过去的交易或者事项包括购买、生产、建造行为或其他交易或者事项

C. 资产是指企业过去的交易或者事项形成的，由企业拥有或者控制的、预期会给企业带来经济利益的资源

D. 符合资产定义和资产确认条件的项目，应当列入资产负债表；符合资产定义、但不符合确认条件的项目，不应当列入资产负债表

2. 下列各项中，应该通过“其他货币资金”科目核算的有（ ）。

A. 存出投资款 B. 银行活期存款

C. 银行本票存款 D. 信用证保证金存款

3. 下列各项中，应确认投资收益的事项有（ ）。

A. 以公允价值计量且其变动计入当期损益的金融资产在持有期间获得现金股利

B. 以摊余成本计量的金融资产在持有期间按摊余成本和实际利率计算确认的利息收入

C. 以公允价值计量且其变动计入当期损益的金融资产在资产负债表日的公允价值大于账面价值的差额

D. 债权性以公允价值计量且其变动计入其他综合收益的金融资产在持有期间按摊余成本和实际利率计算确认的利息收入

4. 下列各项对债权性以公允价值计量且其变动计入其他综合收益的金融资产的表述中，正确的是（ ）。

A. 债权性以公允价值计量且其变动计入其他综合收益的金融资产发生的减值损失应计入当期损益

B. 债权性以公允价值计量且其变动计入其他综合收益的金融资产的公允价值变动应

计入当期损益

C. 取得债权性以公允价值计量且其变动计入其他综合收益的金融资产发生的交易费用应直接计入当期损益

D. 处置债权性以公允价值计量且其变动计入其他综合收益的金融资产时，以前期间因公允价值变动计入其他综合收益的金额应转入当期损益

5. 在权益法下计算投资收益时，对被投资单位净利润进行调整应主要考虑的事项有（　　）。

A. 固定资产折旧额　　B. 无形资产摊销额

C. 应收账款可收回额　　D. 应付职工薪酬余额

6. 下列各项中，应确认为无形资产的有（　　）。

A. 自创商誉

B. 购买的版权

C. 企业内部产生的品牌、报刊名称

D. 自行研发非专利技术且符合资本化要求

7. 关于收入计量的交易价格，下列表述中正确的有（　　）。

A. 在确定交易价格时，企业应当考虑可变对价因素的影响

B. 在确定交易价格时，企业应当考虑应付客户对价因素的影响

C. 企业应当根据合同条款，并结合其以往的习惯做法确定交易价格

D. 在确定交易价格时，企业应当考虑合同中存在的重大融资成分因素的影响

8. 下列各项中，会形成可抵扣暂时性差异的有（　　）。

A. 计提坏账准备

B. 计提存货跌价准备

C. 预提产品包修费用

D. 确认以公允价值计量且其变动计入当期损益的金融资产公允价值变动损失

9. 下列各项中，在资产负债表中作为流动负债列示的有（　　）。

A. 在资产负债表日或之前，由于企业违反贷款合同的有关条款，可能随时被要求偿还的长期借款

B. 资产负债表日起一年内到期的借款，企业预计能够自主地将清偿义务展期至资产负债表日后一年以上

C. 可随时被要求清偿的长期借款，但是在资产负债日前达成协议，贷款人给予在资产负债表日后至少一年以上的宽限期，且贷款人在宽限期内不能要求随时清偿

D. 资产负债表日起一年内到期的借款，企业不能自主地将清偿义务展期，但是在资产负债表日后、财务报告批准报出日前与贷款人签订了重新安排清偿计划协议

10. 下列各项中，在编制资产负债表时需要根据其所属明细账余额来填列的有（　　）。

A. 预收款项　　B. 预付款项

C. 应付账款　　D. 应收账款

三、判断题

1. 在结转已销存货的成本时，应同时结转已经计提的存货跌价准备，并冲减当期资产

减值损失。（　）

2. 长期股权投资期末存在减值迹象的，均应按可收回金额与账面价值的差额计提长期股权投资减值准备。（　）

3. 固定资产的各组成部分具有不同使用寿命、适用不同折旧率的，应当分别将各组成部分确认为单项固定资产。（　）

4. 因固定资产改良而停用的生产设备应继续计提折旧。（　）

5. 使用寿命不确定的无形资产，应将其成本在不超过10年的期限内摊销。（　）

6. 无形资产的摊销金额均应计入管理费用。（　）

7. 固定资产处置的损益均通过“资产处置损益”科目核算。（　）

8. 职工薪酬包括以商业保险形式提供的保险待遇。（　）

9. 采用实际利率法对应付债券折价进行摊销，由于债券未摊销折价逐期减少，因而计算出来的利息费用也就随之逐期减少。（　）

10. 现金各项目之间、现金与非现金各项目之间的增减变动，均会影响到企业现金流量净额的变动。（　）

四、计算及账务处理题

1. 2022年7月1日，甲公司与乙公司签订设计合同，合同约定：甲公司为乙公司设计A、B两种型号的设备，合同总价款为3 000万元，设计项目于2023年4月1日前完成，项目完成后由乙公司验收；乙公司自签订合同起5日内支付合同总价款30%的款项，余款在设计项目完成后由乙公司验收合格后的5日内付清。2022年7月4日，甲公司收到乙公司支付合同总价款30%的款项，至2022年12月31日甲公司完成整个项目的履约进度为60%，实际发生设计费1 300万元，预计完成整个设计项目尚需发生设计费650万元。甲公司履约过程中所产出的设计具有不可替代用途，且该企业在整个合同期间内有权就累计至今已完成的履约部分收取款项。

要求：

（1）甲公司应在2022年12月31日采用何种方法确认提供设计劳务的收入？理由是什么？

（2）编制甲公司2022年12月31日确认劳务收入的会计分录。

（3）编制甲公司2022年12月31日结转劳务成本的会计分录。

2. 甲公司于2022年1月1日发行一批三年期债券，票面年利率为4%，到期日为2024年12月31日，到期一次还本付息。甲公司发行的该批债券面值为10 000 000元，实际发行价款为9 875 000元，相关发行费用200 000元从发行价款中直接扣除。该批债券的实际利率为5%。甲公司在每年年末计提利息费用，利息费用记入“财务费用”科目。

要求：

（1）编制甲公司2022年1月1日发行债券时的会计分录。

（2）编制甲公司2022年12月31日计提利息费用时的会计分录。

（3）编制甲公司2023年12月31日计提利息费用时的会计分录。

（4）编制甲公司2024年12月31日计提利息费用时的会计分录。

（5）编制甲公司2024年12月31日还本付息时的会计分录。

3. 甲公司2022年12月5日对外进行股票投资，分类为以公允价值计量且其变动计入当期损益的金融资产，取得成本为400万元，另发生交易费用1 000元，均以银行存款支付，12月31日该股票投资的公允价值为420万元，该公司适用的企业所得税税率为25%。除该事项外，该公司不存在其他会计与税收之间的差异，且递延所得税资产和递延所得税负债不存在期初余额。

要求：

（1）编制甲公司2022年12月5日取得以公允价值计量且其变动计入当期损益的金融资产时的会计分录。

（2）编制甲公司2022年12月31日对该股票投资进行期末计量时的会计分录。

（3）编制甲公司2022年12月31日对该股票投资确认递延所得税资产或递延所得税负债的会计分录。

4. 海伦公司增值税采用一般计税方法，2022年12月1日该公司“原材料”账户期初余额为500 000元，“材料成本差异”账户贷方余额为1 600元，本月购进原材料一批，价款200 000元，增值税税额26 000元，运输途中保险费3 000元，均以银行存款支付，材料已入库，计划成本190 000元，本月生产车间生产产品领用原材料一批，计划成本为600 000元。

要求：

（1）计算本月材料成本差异率（百分数保留两位小数）。

（2）计算发出材料实际成本和结存材料实际成本。

（3）编制海伦公司采购材料时的会计分录。

（4）编制海伦公司生产车间生产产品领用材料时的会计分录。

（5）编制海伦公司月末结转耗用材料成本差异时的会计分录。

模拟试卷（三）

一、单项选择题

1. 存货采用先进先出法计价，在物价持续上涨的情况下，将会使企业的（　　）。

A. 期末存货升高，当期利润减少

B. 期末存货升高，当期利润增加

C. 期末存货降低，当期利润增加

D. 期末存货降低，当期利润减少

2. 长期股权投资采用权益法核算时，初始投资成本小于应享有被投资单位可辨认资产公允价值份额之间的差额，正确的会计处理是（　　）。

A. 计入投资收益　　B. 冲减资本公积

C. 计入营业外收入　　D. 不调整初始投资成本

3. 一揽子购入多项没有单独标价的固定资产时，确定各项固定资产入账价值的要求是（　　）。

A. 各项固定资产的净值　　B. 各项固定资产的历史成本

C. 各项固定资产的重置成本　　D. 各项固定资产的公允价值

4. 甲公司 2022 年 1 月 1 日以 80 000 元购入一项商标权，其摊销年限为 8 年。2024 年 1 月 1 日，该公司将该商标权以 70 000 元对外出售（不含增值税），出售该商标权适用的增值税税率为 6%。甲公司出售该商标权实现的资产处置收益为（　　）元。

A. 2 500　　B. 6 000

C. 6 500　　D. 10 000

5. 企业在无形资产研究阶段发生的职工薪酬应当（　　）。

A. 计入当期损益　　B. 计入其他业务成本

C. 计入无形资产成本　　D. 计入长期待摊费用

6. 下列各项中，属于流动资产的是（　　）。

A. 无形资产　　B. 货币资金

C. 固定资产　　D. 债权投资

7. 就发行债券的企业而言，债券发行时的溢价收入实质是（　　）。

A. 本期多收的利息收入　　B. 以后期间的利息收入

C. 以后多付利息而得到的补偿　　D. 以后少付利息而付出的代价

8. 下列各项中不应通过“应付职工薪酬”账户核算的是（　　）。

A. 工会经费　　B. 住房公积金

C. 教育费附加　　D. 非货币性福利

9. 企业增资扩股时，投资者实际缴纳的出资额大于其按约定比例计算的其在注册资本中所占份额的部分，应计入（　　）。

A. 股本　　B. 营业外收入

C. 资本公积——股本溢价　　D. 资本公积——其他资本公积

10. 甲公司 2022 年 12 月 31 日存货账面余额 200 万元，已提存货跌价准备 10 万元，则形成的可抵扣暂时性差异是（　　）万元。

A. 0　　B. 10

C. 190　　D. 200

二、多项选择题

1. 下列有关存货可变现净值的表述中，正确的有（　　）。

A. 用于出售的材料，通常应以市场销售价格作为其可变现净值的计算基础

B. 没有销售合同约定的存货，应以市场价格作为其可变现净值的计算基础

C. 为执行销售合同而持有的存货，应以合同价作为其可变现净值的计算基础

D. 持有存货的数量多于销售合同订购数量，超出部分的存货可变现净值应以合同价格作为计算基础

2. 长期股权投资权益法的适用范围是（　　）。

A. 对子公司的权益性投资

B. 对合营企业的权益性投资

C. 对联营企业的权益性投资

D. 对被投资企业不具有控制、共同控制或重大影响的权益性投资

3. “固定资产清理”账户借方核算的内容包括（　　）。

A. 发生的清理费用

B. 转入清理的固定资产的净值

C. 结转的固定资产清理净损失

D. 结转的固定资产清理净收益

4. 下列各项中，属于辞退福利范畴的有（　　）。

A. 职工正常退休时获得的养老金

B. 无论职工因何种理由离开均要支付的福利

C. 职工劳动合同到期前，为鼓励职工自愿接受裁减而给予的补偿

D. 职工劳动合同到期前，企业决定解除与职工的劳动合同而给予的补偿

5. 下列各项中，符合现金流量表中现金概念的有（　　）。

A. 交易性金融资产

B. 企业银行汇票存款

C. 企业银行本票存款

D. 企业购入 3 个月内到期的国债

6. 下列项目中，属于借款费用的有（　　）。

A. 因借款发生的利息

B. 发行公司股票的佣金

C. 发行公司债券溢价的摊销
D. 外币借款发生的汇兑损失
7. 履约义务包括的内容有（　　）。
A. 合同中明确的承诺
B. 企业为履行合同而应开展的不涉及转让商品的初始活动
C. 企业以往的习惯做法导致合同订立时客户合理预期企业将履行的承诺
D. 由于企业已公开宣布的政策导致合同订立时客户合理预期企业将履行的承诺
8. 在资产负债表中作为“存货”项目列示的有（　　）。
A. 生产成本　　B. 制造费用
C. 发出商品　　D. 工程物资
9. 下列各项中，按规定应计入企业“营业外支出”的有（　　）。
A. 坏账损失　　B. 公益性捐赠支出
C. 无形资产出售净损失　　D. 固定资产毁损报废损失
10. 下列各项中，属于企业经营活动产生的现金流量的有（　　）。
A. 销售材料取得的收入
B. 转让无形资产所有权取得的收入
C. 出租无形资产使用权取得的收入
D. 用银行存款购入准备在3个月内到期的债券投资

三、判断题

1. 采购材料在运输途中发生的合理损耗应计入管理费用。（　　）
2. 长期股权投资采用成本法核算的，被投资单位宣告发放现金股利时，应借记“应收股利”账户，贷记“投资收益”或“长期股权投资”账户。（　　）
3. 固定资产减值损失一经确认，在以后会计期间不得转回。（　　）
4. 使用寿命不确定的无形资产在持有期间内不需要摊销。（　　）
5. 已计入各期费用的研究开发费用，在该项无形资产获得成功并依法申请专利时，再将原已计入费用的研究开发费予以资本化。（　　）
6. 利润是指企业在一定会计期间的经营成果，是收入减去费用后的净额。（　　）
7. 对于所有辞退福利，均应于辞退计划满足预计负债确认条件的当期，计入费用或者相关资产的成本。（　　）
8. 购建固定资产过程中发生非正常中断，并且非连续中断时间累计达到3个月，应暂停借款费用资本化。（　　）
9. 采用实际利率法对应付债券溢价进行摊销，由于债券未摊销溢价逐期增加，因而计算出来的利息费用也就随之逐期增加。（　　）
10. 资产负债表中，预付款项项目的金额直接根据预付账款总账账户的期末借方余额填列。（　　）

四、计算及账务处理题

1. 甲公司和乙公司增值税采用一般计税方法，2022年11月5日，甲公司委托乙公司加工商品一批（属于应税消费品），甲公司提供材料的计划成本为600万元，材料成本差异率为-3%。根据加工合同，甲公司于2022年12月26日向乙公司支付加工费12万元，另外支付的增值税和消费税均以银行存款支付。该加工商品适用消费税税率为10%，收回后80%用于连续生产应税消费品，消费税可以抵扣，20%用于直接对外销售，加工适用的增值税税率为13%。2022年12月26日甲公司收回加工的物资，作为库存商品按实际成本核算。

要求：

（1）编制甲公司2022年11月5日发出委托加工材料时的会计分录。

（2）编制甲公司2022年12月26日支付加工费和相关税金时的会计分录。

（3）编制甲公司2022年12月26日收回委托加工物资时的会计分录。

2. 甲公司于2022年7月13日从二级市场购入股票100万股，每股市价15元，手续费3万元；初始确认时，甲公司将该股票投资指定为以公允价值计量且其变动计入其他综合收益的非交易性权益工具投资。甲公司于2022年12月31日仍持有该股票，该股票当时的市价为每股16元。2023年2月1日，甲公司将该股票售出，售价为每股13元，另支付交易费用1.3万元。假定不考虑其他因素。

要求：

（1）编制甲公司2022年7月13日投资时的会计分录。

（2）编制甲公司2022年12月31日对该股票投资期末计量时的会计分录。

（3）编制甲公司2023年2月1日将该股票投资出售时的会计分录。

3. 甲公司增值税采用一般计税方法，该公司有员工1 000人，其中车间工人700人，车间管理人员100人，行政管理人员200人。2022年12月10日，甲公司决定给每位员工发放一台本公司生产的小电器作为福利，该小电器成本900元/台，每台售价1 000元，适用的增值税税率为13%，12月25日每位员工已经领取了小电器。

要求：

（1）编制甲公司2022年12月10日决定为员工发放小电器时的会计分录。

（2）编制甲公司2022年12月25日实际为员工发放小电器时的会计分录。

（3）编制甲公司2022年12月25日结转1 000台小电器成本时的会计分录。

4. 兴发公司2022年实现净利润7 600万元，公司决定分别按照10%和5%的比例计提法定盈余公积和任意盈余公积，并宣告分派现金股利270万元。2023年1月25日兴发公司通过银行将现金股利实际发放。2023年2月5日，兴发公司决定将950万元资本公积和450万元盈余公积转增股本，2023年3月10日，转增股本的增资手续全部办理完毕。

要求：

（1）编制兴发公司2022年计提盈余公积时的会计分录。

（2）编制兴发公司2022年宣告分派现金股利时的会计分录。

（3）编制兴发公司2023年1月25日实际发放现金股利时的会计分录。

（4）编制兴发公司2023年3月10日转增股本时的会计分录。

模拟试卷（四）

一、单项选择题

1. 下列各项中，同时影响资产和负债发生变化的是（　　）。

A. 支付股票股利　　B. 支付现金股利

C. 宣告分派现金股利　　D. 接受投资者投入设备

2. 下列各项中，不通过其他货币资金科目核算的是（　　）。

A. 备用金　　B. 存出投资款

C. 外埠存款　　D. 信用卡存款

3. 企业长期股权投资采用权益法核算时，被投资单位宣告分派现金股利时，其正确的会计处理是(　　)。

A. 增加“投资收益”　　B. 减少“投资收益”

C. 增加“长期股权投资”　　D. 减少“长期股权投资”

4. 2022 年 11 月，甲公司与乙公司签订了一份不可撤销的销售合同。双方约定，甲公司于 2023 年 4 月 20 日按每台 30 万元的价格向乙公司提供 A 产品 10 台。2022 年 12 月 31 日，甲公司 A 产品总成本为 392 万元，数量为 14 台，A 产品市场销售价格为每台 28 万元，A 产品的销售税费为每台 0.1 万元。2022 年 12 月 31 日，甲公司应为 A 产品计提存货跌价准备（　　）万元。

A. 0　　B. 0.4

C. 18.4　　D. 18.8

5. 下列各项中，不属于预计资产未来现金流量时应考虑的因素或内容的是（　　）。

A. 资产的折现率

B. 资产的使用寿命

C. 资产的预计未来现金流量

D. 在建工程建造过程中已发生的现金流出

6. 长江公司 2019 年 12 月 23 日取得的一台设备的初始入账金额为 43 000 万元，预计使用年限为 5 年，预计净残值为 3 000 万元，按年数总和法计提折旧。长江公司该设备在 2022 年应计提的折旧额为（　　）万元。

A. 5 300　　B. 8 000

C. 8 600　　D. 10 000

7. 甲公司增值税采用一般计税方法，2022 年 12 月出售一项 3 年前取得的商标权，该商标权取得时的成本为 20 万元，采用年限平均法按 10 年摊销，出售价格为 40 万元（不含增值税），增值税税率为 6%。除增值税以外，不考虑其他税费。出售该项商标权对当期损益的影响是（　　）万元。

A. 15　　B. 16

C. 24　　D. 26

8. 甲公司增值税采用一般计税方法，2022 年 6 月 10 日甲公司购入一台设备。该设备的购买价格为 1 000 万元，增值税税额为 130 万元，支付运输途中的保险费用、装卸费用 5 万元。该设备安装期间，领用生产用原材料的实际成本为 20 万元，增值税税额为 2.6 万元，发生安装工人工资等费用 30 万元。该设备于 2022 年 6 月 30 日达到预定可使用状态，其入账价值为（　　）万元。

A. 1 055　　B. 1 057.6

C. 1 185　　D. 1 187.6

9. 关于附有客户额外购买选择权的销售，下列表述中不正确的是（　　）。

A. 企业提供重大权利的，应当作为单项履约义务

B. 只要客户有额外购买商品选择权，就应将其作为单项履约义务

C. 如果选择权向客户提供了重大权利，企业应当在转让这些未来商品或服务时或选择权失效时确认收入

D. 客户行使该选择权购买商品时的价格反映了这些商品单独售价的，不应被视为企业向该客户提供了一项重大权利

10. 2022 年 8 月 1 日，A 公司以每股 12 元的价格购入某上市公司股票 50 万股，划分为以公允价值计量且其变动计入当期损益的金融资产，购买该股票支付交易手续费 10 万元。10 月 11 日，收到该上市公司按每股 0.5 元发放的现金股利。2022 年 12 月 31 日，该股票的市价为每股 11 元。以公允价值计量且其变动计入当期损益的金融资产在 2022 年 12 月 31 日的账面价值是（　　）万元。

A. 550　　B. 575

C. 585　　D. 610

二、多项选择题

1. 企业对存货盘亏或损毁进行处理时，应计入管理费用的有（　　）。

A. 由于核算差错造成的存货盘亏净损失

B. 由于自然灾害造成的存货毁损净损失

C. 由于定额内损耗造成的存货盘亏净损失

D. 由于收发计量原因造成的存货盘亏净损失

2. 下列项目中，投资企业不应确认为投资收益的有（　　）。

A. 采用成本法核算，被投资企业接受实物资产捐赠

B. 采用成本法核算，被投资企业宣告分派现金股利

C. 采用权益法核算，被投资企业宣告分派股票股利

D. 采用权益法核算，被投资企业宣告分派现金股利

3. 下列交易或事项中，会影响企业当期营业利润的有（　　）。

A. 出租无形资产取得的租金收入

B. 出售无形资产取得出售净收益

C. 使用寿命有限的管理用无形资产的摊销

D. 使用寿命不确定的无形资产计提的减值

4. 在权益法下，若被投资企业发生超额亏损，投资企业在借记“投资收益”账户的同时，可能贷记的账户有（ ）。

A. 递延收益　　B. 预计负债

C. 长期应收款　　D. 长期股权投资

5. 下列项目中，构成固定资产入账价值的有（ ）。

A. 购买设备发生的运杂费

B. 接受投资者投入固定资产支付的相关税费

C. 购入需要安装的固定资产所支付的安装调试费

D. 固定资产达到预定可使用状态前发生的满足资本化条件的专门借款利息

6. 下列固定资产中应计提折旧的有（ ）。

A. 经营性租出的固定资产　　B. 尚未提足折旧的在用厂房

C. 季节性生产停用的固定资产　　D. 已提足折旧继续使用的固定资产

7. 下列关于无形资产研发支出的说法，正确的有（ ）。

A. 企业内部研究开发项目研究阶段的支出，应计入无形资产的成本

B. 企业内部研究开发项目开发阶段的支出，在期末一定转入当期损益

C. 企业内部研究开发项目开发阶段的支出，符合资本化条件时可以资本化

D. 企业内部研究开发项目研究阶段的支出，应计入研发支出账户，期末转入管理费用账户

8. 下列条件符合无形资产可辨认性标准的是（ ）。

A. 能够从企业中分离出来

B. 源自合同性权利或其他法定权利

C. 这些合同性权利必须可以从企业或其他权利和义务中转移或者分离

D. 能够单独或者与相关合同、资产或负债一起，用于出售、转移、授予许可、租赁或交换

9. 现金流量表中的“支付给职工以及为职工支付的现金”项目包括（ ）。

A. 支付给在职职工的奖金　　B. 支付给在职职工的津贴

C. 支付给退休人员的退休金　　D. 支付给在建工程人员的工资

10. 下列各项中，应纳入职工薪酬核算的有（ ）。

A. 工会经费　　B. 职工养老保险金

C. 职工住房公积金　　D. 辞退职工经济补偿

三、判断题

1. 可比性信息质量要求意味着企业的会计政策一经选定，不得变更。（ ）

2. 企业用当年实现的利润弥补以前年度亏损时，应专门编制会计分录。（ ）

3. 预付账款不多的企业可以不设置“预付账款”科目，而直接将其计入“应付账款”科目的贷方。（ ）

4. 企业购入货物验收入库后无论发票账单是否收到，只要尚未支付货款，均应在月末

按照估计的价值入账。 （ ）

5. 企业固定资产的预计报废清理费用，可作为弃置费用，按其现值计入固定资产成本，并确认为预计负债。 （ ）

6. 无形资产摊销使用的方法应依据从资产中获取的预期未来经济利益的预计消耗方式来选择。 （ ）

7. 企业无法可靠区分研究阶段和开发阶段支出的，应将其所发生的研发支出全部资产化计入无形资产成本。 （ ）

8. 资产的计税基础，是指资产取得时，计算应纳税所得额时按照税法规定可以自应税经济利益中抵扣的金额。 （ ）

9. 企业购入两个月到期的国债作为以公允价值计量且其变动计入当期损益的金融资产，不会减少企业投资活动产生的现金净流量。 （ ）

10. 对于售后回购交易，当回购价格低于原售价的，企业应视为融资交易。 （ ）

四、计算及账务处理题

1. 甲公司增值税采用一般计税方法，2022 年 9 月，甲公司发生如下业务：

（1）9 月 1 日，甲公司开出转账支票一张，金额 15 000 元，上交公司上月应交未交增值税。

（2）9 月 5 日，甲公司购进不需安装的生产经营用设备一台，增值税专用发票上注明设备价款 200 000 元，增值税税额 26 000 元，款项通过银行存款支付。

（3）9 月 12 日，甲公司销售产品一批，增值税专用发票上注明产品价款120 000 元，增值税税额 15 600 元，货款尚未收到。

（4）9 月 30 日，甲公司从某单位购入原材料一批，增值税专用发票上注明货物价款 90 000 元，增值税税额 11 700 元，甲公司已开出承兑的商业汇票。该原材料已验收入库（存货按实际成本计价）。

要求：

（1）编制甲公司 2022 年 9 月 1 日上交上月未交增值税时的会计分录。

（2）编制甲公司 2022 年 9 月 5 日购进不需安装的生产用设备时的会计分录。

（3）编制甲公司 2022 年 9 月 12 日销售产品时的会计分录。

（4）编制甲公司 2022 年 9 月 30 日购进原材料时的会计分录。

2. 2022 年 1 月 1 日，甲公司从证券市场上购入乙公司于 2021 年 1 月 1 日发行的四年期债券，票面年利率为 4%，每年 1 月 5 日支付上年度的利息，到期日为 2025 年 1 月 1 日，到期日一次归还本金和最后一次利息。甲公司购入债券的面值为 1 000 万元，实际支付价款为 992.77 万元，另支付相关交易费用 20 万元。甲公司购入后将其划分为以摊余成本计量的金融资产。购入债券的实际利率为 5%，假定按年计提利息。

要求：

（1）编制甲公司 2022 年 1 月 1 日取得债券投资时的会计分录。

（2）编制甲公司 2022 年 1 月 5 日收到利息时的会计分录。

（3）计算甲公司 2022 年 12 月 31 日确认投资收益时的会计分录。

3. 甲公司增值税采用一般计税方法，A 材料按计划成本核算，A 材料计划单位成本为每千克305元。中期期末（6月30日）和年末对存货采用成本与可变现净值孰低法计价。2022年，甲公司与A材料有关的交易如下：

（1）1月30日，从外地购入A材料1 000千克，增值税专用发票上注明的价款为300 000元，增值税税额为39 000元，另外发生装卸费1 840元。各种款项已用银行存款支付，材料尚未到达公司。

（2）2月10日，所购A材料到达企业，验收入库的实际数量为980千克，短缺的20千克系定额内合理损耗。

（3）A材料在6月30日和12月31日的可变现净值分别为295 000元和299 000元。

要求：

（1）计算甲公司2022年1月30日采购A材料的实际采购成本和材料成本差异。

（2）编制甲公司2022年1月30日采购A材料时的会计分录。

（3）编制甲公司2022年2月10日A材料入库时的会计分录。

（4）编制甲公司2022年6月30日计提或转销存货跌价准备时的会计分录。

（5）编制甲公司2022年12月31日计提或转销存货跌价准备时的会计分录。

4. 2022年1月1日，甲公司以1 035万元购入乙公司股票400万股，每股面值1元，占乙公司实际发行在外股数的30%，准备长期持有。甲公司对乙公司的财务和经营政策具有重大影响。

2022年1月1日，乙公司可辨认净资产的公允价值为3 000万元，其中固定资产公允价值为300万元，账面价值为200万元，固定资产的预计使用年限为10年，净残值为零，按照年限平均法计提折旧。2022年1月1日，乙公司的无形资产公允价值为100万元，账面价值为50万元，无形资产的预计使用年限为5年，残值为零，按照年限平均法摊销。

2022年，乙公司实现净利润200万元，并按照净利润的10%提取盈余公积。

2023年，乙公司发生亏损4 000万元。此外，乙公司因以公允价值计量且其变动计入其他综合收益的金融资产公允价值提高而增加其他综合收益100万元。

2024年，乙公司实现净利润520万元。

假定不考虑所得税和其他事项的影响。

要求：

（1）编制甲公司2022年1月1日取得投资时的会计分录。

（2）计算甲公司2022年应确认的投资收益并编制相关会计分录。

（3）编制甲公司2023年因乙公司其他综合收益增加100万元时的会计分录。

（4）计算甲公司2023年应确认的投资收益并编制相关会计分录。

（5）计算甲公司2024年应确认的投资收益并编制相关会计分录。

第二篇

参 考 答 案

第一章

总　　论

一、单项选择题

1	2	3	4	5	6	7	8	9	10
D	C	C	C	B	A	A	B	D	D

二、多项选择题

1	2	3	4	5	6	7	8	9	10
AD	ABCD	ABC	ABCD	BC	BCD	ABCD	ABD	AC	ABC

三、判断题

1	2	3	4	5	6	7	8	9	10
√	√	×	×	√	×	×	√	×	√

第二章

货币资金

一、单项选择题

1	2	3	4	5	6	7	8	9	10
A	D	B	A	C	B	B	A	A	D
11									
C									

二、多项选择题

1	2	3	4	5	6	7	8	9	10
ABCD	ABCD	BCD	ACD	ABD	BC	ABCD	ABC	BCD	AB

三、判断题

1	2	3	4	5	6	7	8	9	10
√	×	×	×	×	×	√	×	×	×
11	12								
√	√								

四、计算及账务处理题

1.

（1）2022 年 8 月 2 日到银行取现时的会计分录：

借：库存现金　　2 000

　　贷：银行存款　　2 000

（2）2022 年 8 月 4 日王明报销差旅费时的会计分录：

借：管理费用　1 500
　贷：其他应收款　1 000
　　库存现金　500

（3）2022 年 8 月 6 日收到归还的货款时的会计分录：

借：银行存款　8 000
　贷：应收账款　8 000

（4）2022 年 8 月 8 日购入材料时的会计分录：

借：原材料　30 000
　应交税费——应交增值税（进项税额）　3 900
　贷：银行存款　33 900

（5）2022 年 8 月 10 日提取现金备发工资时的会计分录：

借：库存现金　180 000
　贷：银行存款　180 000

（6）2022 年 8 月 12 日以现金支付职工工资时的会计分录：

借：应付职工薪酬——工资　180 000
　贷：库存现金　180 000

（7）2022 年 8 月 14 日销售产品时的会计分录：

借：银行存款　45 200
　贷：主营业务收入　40 000
　　应交税费——应交增值税（销项税额）　5 200

（8）2022 年 8 月 26 日收到保险公司赔款时的会计分录：

借：银行存款　6 000
　贷：其他应收款　6 000

（9）2022 年 8 月 28 日支付租入设备保证金时的会计分录：

借：其他应收款　800
　贷：库存现金　800

2.

（1）2022 年 6 月 20 日发现现金盘盈时的会计分录：

借：库存现金　150
　贷：待处理财产损溢　150

（2）2022 年 6 月 22 日处理盘盈现金核查结果时的会计分录：

借：待处理财产损溢　150
　贷：其他应付款　100
　　营业外收入　50

（3）2022 年 6 月 25 日发现现金短缺时的会计分录：

借：待处理财产损溢　605
　贷：库存现金　605

（4）2022 年 6 月 27 日处理现金短缺核查结果时的会计分录：

借：库存现金　600

管理费用 5
贷：待处理财产损溢 605

3.

银行存款余额调节表

2022 年 6 月 30 日 单位：万元

项目	金额	项目	金额
银行存款日记账余额	432	银行对账单余额	664
加：银行已收，企业未收	384	加：企业已收，银行未收	480
减：银行已付，企业未付	32	减：企业已付，银行未付	360
调整后余额	784	调整后余额	784

4.

（1）2022 年 8 月 5 日申请办理银行汇票时的会计分录：

借：其他货币资金——银行汇票 80 000
贷：银行存款 80 000

（2）2022 年 8 月 8 日以外埠存款购入材料时的会计分录：

借：原材料 20 000
应交税费——应交增值税（进项税额） 2 600
贷：其他货币资金——外埠存款 22 600

（3）2022 年 8 月 12 日用信用卡支付办公用品费时的会计分录：

借：管理费用 3 000
贷：其他货币资金——信用卡 3 000

（4）2022 年 8 月 15 日以银行汇票采购材料时的会计分录：

借：在途物资 60 000
应交税费——应交增值税（进项税额） 7 800
银行存款 12 200
贷：其他货币资金——银行汇票 80 000

（5）2022 年 8 月 25 日向证券公司指定银行存入款项开立投资账户时的会计分录：

借：其他货币资金——存出投资款 5 000 000
贷：银行存款 5 000 000

第三章

应收款项

一、单项选择题

1	2	3	4	5	6	7	8	9	10
A	C	A	B	B	A	B	C	D	C
11	12								
D	A								

二、多项选择题

1	2	3	4	5
CD	BCD	AB	ACD	CD

三、判断题

1	2	3	4	5	6	7	8	9	10
√	√	√	×	×	×	×	√	×	×

四、计算及账务处理题

1.

（1）2022年12月31日对应收乙公司货款计提坏账准备时的会计分录：

借：信用减值损失　　8 000 000

　　贷：坏账准备　　8 000 000

（2）2023年12月31日对应收乙公司货款补提坏账准备时的会计分录：

借：信用减值损失　　22 000 000

　　贷：坏账准备　　22 000 000

（3）2024年12月31日对应收乙公司货款冲销坏账准备时的会计分录：

借：坏账准备　　14 000 000

　　贷：信用减值损失　　14 000 000

2.

（1）2022 年 6 月 1 日向乙公司赊销商品时的会计分录：

借：应收账款——乙公司　11 300 000

　贷：主营业务收入　10 000 000

　　应交税费——应交增值税（销项税额）　1 300 000

（2）2022 年 6 月 10 日向丙公司赊销商品时的会计分录：

借：应收账款——丙公司　2 260 000

　贷：主营业务收入　2 000 000

　　应交税费——应交增值税（销项税额）　260 000

（3）2022 年 6 月 25 日收到戊公司偿还货款时的会计分录：

借：银行存款　4 000 000

　贷：应收账款　4 000 000

（4）2022 年 7 月 1 日向丁公司赊销商品时的会计分录：

借：应收票据　5 650 000

　贷：主营业务收入　5 000 000

　　应交税费——应交增值税（销项税额）　650 000

（5）2022 年 9 月 1 日将商业汇票贴现时的会计分录：

借：银行存款　5 600 000

　财务费用　50 000

　贷：短期借款　5 650 000

或：

借：银行存款　5 600 000

　短期借款——利息调整　50 000

　贷：短期借款——成本　5 650 000

实际月利率 = 0.2967%

2022 年 9 月 30 日计提利息费用时的会计分录：

借：财务费用　16 615

　贷：短期借款——利息调整　16 615

2022 年 10 月 31 日计提利息费用时的会计分录：

借：财务费用　16 664

　贷：短期借款——利息调整　16 664

2022 年 11 月 30 日计提利息费用时的会计分录：

借：财务费用　16 721

　贷：短期借款——利息调整　16 721

（6）2022 年 11 月 30 日中国工商银行行使追索权时的会计分录：

借：短期借款　5 650 000

　贷：银行存款　5 650 000

借：应收账款　5 650 000

　贷：应收票据　5 650 000

第四章

存　　货

一、单项选择题

1	2	3	4	5	6	7	8	9	10
D	B	B	D	A	B	D	B	B	D
11	12	13	14（1）	14（2）	15（1）	15（2）	15（3）		
B	C	B	C	A	D	C	C		

二、多项选择题

1	2	3	4	5	6	7	8	9	10
AB	AB	ABC	CD	BCD	ABD	ACD	AD	ABC	BCD
11	12	13（1）	13（2）	14（1）	14（2）				
ABCD	ACD	ACD	ABD	ABC	ABC				

三、判断题

1	2	3	4	5	6	7	8	9	10
√	×	×	√	√	√	√	×	×	√
11	12	13	14						
×	√	×	√						

四、计算及账务处理题

1.

（1）先进先出法：

本月发出材料的成本 $=200\times10+500\times9.8=2\ 000+4\ 900=6\ 900$（元）

（2）月末一次加权平均法：

加权平均成本 =（200 × 10 + 500 × 9.8 + 200 × 10.2 + 300 × 10.25）÷（200 + 500 + 200 + 300）= 10.0125（元）

本月发出材料的成本 = 700 × 10.0125 = 7 008.75（元）

（3）移动加权平均法：

第一次购货后的加权平均成本 =（200 × 10 + 500 × 9.8）÷（200 + 500）≈ 9.86（元）

6 日、8 日发出材料的成本 = 400 × 9.86 = 3 944（元）

第二次购货后的加权平均成本 =（6 900 − 3 944 + 200 × 10.2）÷（300 + 200）≈ 9.99（元）

12 日、18 日发出材料的成本 = 300 × 9.99 = 2 997（元）

第三次购货后的加权平均成本 =（4 996 − 2 997 + 300 × 10.25）÷（200 + 300）≈ 10.15（元）

本月发出材料的成本 = 3 944 + 2 997 = 6 941（元）

2.

（1）2022 年 6 月 1 日红字冲销上月 A 材料暂估价时的会计分录：

借：原材料　　[10 000]

　　贷：应付账款　　[10 000]

（2）2022 年 6 月 5 日收到 A 材料发票账单时的会计分录：

借：原材料　　10 500

　　应交税费——应交增值税（进项税额）　　1 365

　　贷：应付票据　　11 865

（3）2022 年 6 月 10 日收到采购 B 材料发票账单时的会计分录：

借：在途物资　　500 000

　　应交税费——应交增值税（进项税额）　　65 000

　　贷：银行存款　　565 000

（4）2022 年 6 月 15 日采购 C 材料时的会计分录：

借：原材料　　50 000

　　应交税费——应交增值税（进项税额）　　6 500

　　贷：银行存款　　56 500

（5）2022 年 6 月 20 日 B 材料验收入库时的会计分录：

借：原材料　　500 000

　　贷：在途物资　　500 000

（6）2022 年 6 月 30 日收到 D 材料时的会计分录：

借：原材料　　50 000

　　贷：应付账款　　50 000

3.

（1）2022 年 10 月 10 日发出委托加工材料时的会计分录：

借：委托加工物资　　6 000 000

　　贷：原材料　　6 000 000

（2）2022 年 10 月 31 日发出委托加工材料应承担的材料成本差异：

借：材料成本差异 180 000

　　贷：委托加工物资 180 000

（3）2022 年 11 月 25 日支付加工费和相关税金时的会计分录：

借：委托加工物资 252 000

　　应交税费——应交消费税 528 000

　　　　——应交增值税（进项税额） 15 600

　　贷：银行存款 795 600

支付加工费时应支付的增值税 = 12 × 13% = 1.56（万元）

加工环节应支付的消费税 = [600 ×（1 − 3%）+ 12] ÷（1 − 10%）× 10%

= 66（万元）

应计入委托加工物资成本的消费税 = 66 × 20% = 13.2（万元）

应计入应交税费账户借方的消费税 = 66 × 80% = 52.8（万元）

（4）2022 年 11 月 25 日收回委托加工物资时的会计分录：

借：原材料 6 072 000

　　贷：委托加工物资 6 072 000

4.

（1）2022 年 12 月 5 日购买材料时的会计分录：

借：材料采购 202 000

　　应交税费——应交增值税（进项税额） 26 260

　　贷：应付票据 228 260

借：原材料 200 000

　　材料成本差异 2 000

　　贷：材料采购 202 000

（2）2022 年 12 月 20 日购买材料时的会计分录：

借：材料采购 99 000

　　应交税费——应交增值税（进项税额） 12 870

　　贷：银行存款 111 870

借：原材料 100 000

　　贷：材料采购 99 000

　　　　材料成本差异 1 000

（3）2022 年 12 月发出材料时的会计分录：

借：生产成本 150 000

　　制造费用 50 000

　　在建工程 120 000

　　贷：原材料 320 000

（4）计算甲公司 2022 年 12 月发出材料应承担的材料成本差异：

材料成本差异率 =（−2% × 1 000 × 100 + 2 000 − 1 000）÷（100 000 + 200 000 + 100 000）= −0.25%

产品负担的成本差异 = 150 000 ×（ −0.25%）= −375（元）

车间负担的成本差异 = 50 000 ×（ −0.25%）= −125（元）

在建工程的成本差异 = 120 000 ×（ −0.25%）= −300（元）

（5）2022 年 12 月 31 日结转发出材料的材料成本差异时的会计分录：

借：材料成本差异	800	
贷：生产成本		375
制造费用		125
在建工程		300

（6）2022 年 12 月 31 日转出在建项目领用材料的增值税进项税额的会计分录：

借：在建工程	15 561	
贷：应交税费——应交增值税（进项税额转出）		15 561

5.

（1）2022 年 12 月 2 日购入原材料时的会计分录：

借：材料采购	150 000	
应交税费——应交增值税（进项税额）	19 500	
贷：银行存款		169 500

（2）2022 年 12 月 5 日原材料验收入库时的会计分录：

借：原材料	160 000	
贷：材料采购		150 000
材料成本差异		10 000

（3）2022 年 12 月 9 日进口材料时的会计分录：

借：材料采购	120 000	
应交税费——应交增值税（进项税额）	15 600	
贷：银行存款		135 600

（4）2022 年 12 月 12 日进口材料入库时的会计分录：

借：原材料	110 000	
材料成本差异	10 000	
贷：材料采购		120 000

（5）2022 年 12 月 15 日接受材料投资时的会计分录：

借：原材料	450 000	
应交税费——应交增值税（进项税额）	65 000	
材料成本差异	50 000	
贷：实收资本		565 000

（6）2022 年 12 月发出材料的会计分录：

借：生产成本	700 000	
制造费用	30 000	
管理费用	20 000	
贷：原材料		750 000

（7）计算 2022 年 12 月 31 日发出材料应承担的材料成本差异：

材料成本差异 = −4 500 − 10 000 + 10 000 + 50 000 = 45 500（元）

计划成本 = 88 000 + 160 000 + 110 000 + 450 000 = 808 000（元）

材料成本差异率 = 45 500 ÷ 808 000 = 5.63%

发出材料应负担的材料成本差异为：

生产成本应负担的材料成本差异 = 700 000 × 5.63% = 39 410（元）

制造费用应负担的材料成本差异 = 30 000 × 5.63% = 1 689（元）

管理费用应负担的材料成本差异 = 20 000 × 5.63% = 1 126（元）

（8）2022 年 12 月 31 日结转材料成本差异时的会计分录：

借：生产成本	39 410	
制造费用	1 689	
管理费用	1 126	
贷：材料成本差异		42 225

6.

（1）2022 年 12 月 7 日采购 A 材料时的会计分录：

借：材料采购	98 000	
应交税费——应交增值税（进项税额）	12 740	
银行存款	9 260	
贷：其他货币资金——银行汇票		120 000

（2）2022 年 12 月 12 日 A 材料入库时的会计分录：

借：原材料	95 550	
材料成本差异	490	
待处理财产损溢	1 960	
贷：材料采购		98 000

（3）2022 年 12 月 14 日查明 A 材料短缺时的会计分录：

借：其他应收款	2 214.8	
贷：待处理财产损溢		1 960
应交税费——应交增值税（进项税额转出）		254.8

（4）2022 年 12 月 15 日采购 B 材料时的会计分录：

借：材料采购	100 000	
应交税费——应交增值税（进项税额）	13 000	
贷：银行存款		113 000

（5）2022 年 12 月 22 日 B 材料验收入库时的会计分录：

入库材料实际成本 = 990 × 100 = 99 000（元）

入库材料计划成本 = 990 × 95 = 94 050（元）

材料成本差异 = 99 000 − 94 050 = 4 950（元）

短缺部分成本为 = 10 × 100 = 1 000（元）

借：原材料	94 050	
材料成本差异	4 950	
待处理财产损溢	1 000	

贷：材料采购　100 000

（6）2022 年 12 月 26 日查明 B 材料短缺时的会计分录：

保险公司赔偿金额 =1 000 ×（1 +13%）×80% =904（元）

转入营业外支出的金额 =1 000 ×（1 +13%）×20% =226（元）

借：其他应收款　904

营业外支出　226

贷：待处理财产损溢　1 000

应交税费——应交增值税（进项税额转出）　130

7.

（1）计算 2022 年 12 月 31 日 A 产品应计提的跌价准备：

有销售合同部分：

A 产品可变现净值 =40 ×（11 －0.5）=420（万元），成本 =40 ×10 =400（万元），这部分存货不需计提跌价准备。

超过合同数量部分：

A 产品可变现净值 =60 ×（10.2 －0.5）=582（万元），成本 =60 ×10 =600（万元），这部分存货需计提跌价准备 18 万元。

A 产品本期应计提存货跌价准备 =18 －（30 －20）=8（万元）

（2）2022 年 12 月 31 日 A 产品计提存货跌价准备时的会计分录：

借：资产减值损失　80 000

贷：存货跌价准备——A 产品　80 000

（3）计算 2022 年 12 月 31 日 B 配件应计提的跌价准备：

用 B 配件生产的 A 产品发生了减值，所以 B 配件应按照成本与可变现净值孰低计量。

B 配件可变现净值 =50 ×（10.2 －2 －0.5）=385（万元），成本 =50 ×8 =400（万元），B 配件应计提跌价准备 15 万元。

（4）2022 年 12 月 31 日 B 配件计提存货跌价准备时的会计分录：

借：资产减值损失　150 000

贷：存货跌价准备——B 配件　150 000

第五章

对外投资

一、单项选择题

1	2	3	4	5	6	7	8	9	10
A	C	B	B	B	C	A	D	C	C
11	12	13	14	15					
C	C	B	C	B					

二、多项选择题

1	2	3	4	5	6	7	8	9
ABC	ABCD	BCD	AD	BC	ACD	BD	AD	BCD

三、判断题

1	2	3	4	5	6	7	8	9	10
×	√	×	×	√	√	√	√	√	√
11	12	13	14	15					
×	√	×	×	√					

四、计算及账务处理题

1.

（1）2022 年 1 月 1 日购入债券时的会计分录：

借：债权投资——成本　　40 000 000

　　　　　　——利息调整　　1 152 263

　贷：银行存款　　41 152 263

（2）2022 年 12 月 31 日计提债券利息时的会计分录：

借：债权投资——应计利息　　4 000 000
　　贷：投资收益　　3 292 181.04
　　　　债权投资——利息调整　　707 818.96

（3）2024 年 1 月 1 日收到债券本息时的会计分录：

借：银行存款　　48 000 000
　　贷：债权投资——成本　　40 000 000
　　　　　　　　——应计利息　　8 000 000

2.

（1）2022 年 5 月 10 日购入股票时的会计分录：

借：其他权益工具投资——成本　　4 900 000
　　贷：银行存款　　4 900 000

（2）2022 年 6 月 30 日期末计量的会计分录：

借：其他综合收益　　400 000
　　贷：其他权益工具投资——公允价值变动　　400 000

（3）2022 年 8 月 10 日黄河公司宣告分派现金股利时的会计分录：

借：应收股利　　120 000
　　贷：投资收益　　120 000

（4）2022 年 8 月 20 日收到现金股利时的会计分录：

借：银行存款　　120 000
　　贷：应收股利　　120 000

（5）2022 年 12 月 31 日期末计量的会计分录：

借：其他权益工具投资——公允价值变动　　600 000
　　贷：其他综合收益　　600 000

（6）2023 年 1 月 3 日处置时的会计分录：

借：银行存款　　5 150 000
　　其他综合收益　　200 000
　　贷：其他权益工具投资——成本　　4 900 000
　　　　其他权益工具投资——公允价值变动　　200 000
　　　　利润分配——未分配利润　　250 000

3.

（1）计算 2022 年 6 月 30 日的公允价值变动损益：

公允价值变动损益 =（150 000 + 85 000 + 120 000 + 500 000 + 350 000）-（145 800 + 84 500 + 121 000 + 495 000 + 350 500）= 8 200（元）

（2）2022 年 6 月 30 日对以公允价值计量且其变动计入当期损益的金融资产期末计量时的会计分录：

借：公允价值变动损益　　8 200
　　贷：交易性金融资产——公允价值变动　　8 200

（3）2022 年 9 月 5 日出售债券和股票时的会计分录：

借：银行存款　　409 000

交易性金融资产——公允价值变动 6 700
贷：交易性金融资产——成本 400 000
投资收益 15 700

（4）2022 年 12 月 15 日购入 D 股票时的会计分录：

借：交易性金融资产——成本 170 000
应收股利 5 000
贷：银行存款 175 000

4.

（1）2022 年 4 月 2 日取得乙公司股票时的会计分录：

借：交易性金融资产——成本 4 000 000
应收股利 100 000
投资收益 50 000
贷：银行存款 4 150 000

（2）2022 年 4 月 20 日收到现金股利时的会计分录：

借：银行存款 100 000
贷：应收股利 100 000

（3）2022 年 6 月 30 日对持有乙公司股票期末计量时的会计分录：

借：公允价值变动损益 200 000
贷：交易性金融资产——公允价值变动 200 000

（4）2022 年 7 月 10 日出售乙公司股票时的会计分录：

借：银行存款 4 940 000
交易性金融资产——公允价值变动 200 000
贷：交易性金融资产——成本 4 000 000
投资收益 1 140 000

5.

2022 年 7 月 1 日取得乙公司股票时的会计分录：

借：长期股权投资——投资成本 400 000 000
贷：股本 100 000 000
资本公积——股本溢价 300 000 000

6.

（1）2022 年 4 月 1 日取得乙公司股票时的会计分录：

借：长期股权投资——投资成本 8 350 000
应收股利 600 000
贷：银行存款 8 950 000

（2）2022 年 5 月 20 日收到乙公司派发的现金股利时的会计分录：

借：银行存款 600 000
贷：应收股利 600 000

（3）2022 年 12 月 31 日确认对乙公司投资收益时的会计分录：

借：长期股权投资——损益调整　　900 000
　　贷：投资收益　　900 000

（4）2023 年 4 月 10 日乙公司宣告派发现金股利时的会计分录：

借：应收股利　　480 000
　　贷：长期股权投资——损益调整　　480 000

（5）2023 年 5 月 30 日收到乙公司派发的现金股利时的会计分录：

借：银行存款　　480 000
　　贷：应收股利　　480 000

（6）2023 年 10 月 9 日转让乙公司股票时的会计分录：

借：银行存款　　11 000 000
　　贷：长期股权投资——投资成本　　8 350 000
　　　　　　　　　——损益调整　　420 000
　　　　投资收益　　2 230 000

7.

（1）2022 年 1 月 1 日取得乙公司股权时的会计分录：

借：长期股权投资——投资成本　　32 000 000
　　贷：银行存款　　32 000 000

（2）2023 年 1 月 1 日处置持有的乙公司 50% 股权时的会计分录：

借：银行存款　　26 000 000
　　贷：长期股权投资——投资成本　　16 000 000
　　　　投资收益　　10 000 000

（3）2023 年 1 月 1 日剩余长期股权投资由成本法转权益法时的会计分录：

借：长期股权投资——损益调整　　6 000 000
　　　　　　　　——其他综合收益　　1 800 000
　　　　　　　　——其他权益变动　　1 200 000
　　贷：盈余公积　　600 000
　　　　利润分配——未分配利润　　5 400 000
　　　　其他综合收益　　1 800 000
　　　　资本公积——其他资本公积　　1 200 000

8.

（1）2022 年 1 月 1 日取得乙公司股权时的会计分录：

借：长期股权投资——投资成本　　30 000 000
　　贷：银行存款　　30 000 000

借：长期股权投资——投资成本　　2 400 000
　　贷：营业外收入　　2 400 000

（2）2022 年 3 月 20 日乙公司宣告发放现金股利时的会计分录：

借：应收股利　　2 000 000
　　贷：长期股权投资——损益调整　　2 000 000

（3）2022 年 4 月 20 日收到乙公司发放的现金股利时的会计分录：

借：银行存款　　2 000 000

　　贷：应收股利　　2 000 000

（4）2022 年 12 月 31 日确认对乙公司投资收益时的会计分录：

调整后的净利润 = 600 - (900 ÷ 10 - 450 ÷ 10) - (900 - 600) + (900 - 600) ÷ 10 ÷ 12 - 100 × (500 - 400) ÷ 500 = 237.5（万元）

投资企业按持股比例计算确认的当期投资收益 = 237.5 × 40% = 95（万元）

借：长期股权投资——损益调整　　950 000

　　贷：投资收益　　950 000

（5）2023 年 12 月 31 日确认对乙公司股权投资的其他权益变动时的会计分录：

借：长期股权投资——其他综合收益　　880 000

　　贷：其他综合收益　　880 000

（6）2023 年 12 月 31 日确认对乙公司投资收益时的会计分录：

调整后的净利润 = 900 - (900 ÷ 10 - 450 ÷ 10) + (900 - 600) ÷ 10 + 100 × (500 - 400) ÷ 500 = 905（万元）

投资企业按持股比例计算确认的当期投资收益 = 905 × 40% = 362（万元）

借：长期股权投资——损益调整　　3 620 000

　　贷：投资收益　　3 620 000

第六章

固定资产

一、单项选择题

1	2	3	4	5（1）	5（2）	5（3）	6（1）	6（2）	7
D	D	C	D	D	B	D	B	C	C
8	9	10							
D	A	B							

二、多项选择题

1	2	3	4	5	6	7	8	9	10（1）
ABD	ABCD	BD	ACD	ABC	ABC	ACD	ABCD	ABCD	BCD
10（2）									
ABCD									

三、判断题

1	2	3	4	5	6	7	8
√	×	√	×	×	×	√	√

四、计算及账务处理题

1.

（1）2023 年 A 设备应当计提的折旧额：

应当计提的折旧额 $=504\times\frac{5}{15}\times\frac{11}{12}+504\times\frac{4}{15}\times\frac{1}{12}=165.2$（万元）

（2）2023 年 A 设备计提折旧时的会计分录：

借：管理费用　　　　1 652 000

贷：累计折旧　　1 652 000

（3）2024 年 A 设备应当计提的折旧额：

持有待售的固定资产，自划归为持有待售之日起停止计提折旧，因此西方公司 A 设备 2024 年计提折旧 10 个月（2024.1～2024.10），计提折旧额 $=504\times\frac{4}{15}\times\frac{10}{12}=112$（万元）。

（4）2024 年 A 设备计提折旧时的会计分录：

借：管理费用　　1 120 000

贷：累计折旧　　1 120 000

2.

事项（1）的会计处理不完全正确。

理由："戴伟公司计划在使用 5 年后出售该生产线，G 公司承诺 5 年后按 840 万元的价格购买该生产线" 因此，该生产线相当于使用寿命为 5 年，预计净残值为 840 万元的资产。

正确的会计处理：

戴伟公司该生产线 2023 年应当计提折旧 $=(1\ 200-840)\div5\times\frac{10}{12}=60$（万元）

借：生产成本　　600 000

贷：累计折旧　　600 000

事项（2）的会计处理不正确。

理由：弃置费用通常是指根据国家法律和行政法规、国际公约等规定，企业承担的环境保护和生态恢复等义务所确定的支出，如油气资产、核电站核设施等的弃置和恢复环境义务。弃置费用的金额与其现值比较，通常相差较大，需要考虑货币时间价值，对于这些特殊行业的特定固定资产，企业应当根据《企业会计准则第 13 号——或有事项》，按照现值计算确定应计入固定资产成本的金额和相应的预计负债。在固定资产的使用寿命内按照预计负债的摊余成本和实际利率计算确定的利息费用应计入财务费用。一般工商企业的固定资产发生的报废清理费用不属于弃置费用，应当在发生时作为固定资产处置费用处理。

正确的会计处理：

戴伟公司固定资产的入账价值为 6 000 万元，清理费 20 万元在发生时直接计入当期损益。

借：固定资产　　60 000 000

贷：在建工程　　60 000 000

事项（3）的会计处理不正确。

理由：固定资产属于非流动资产，其减值是由《企业会计准则 8 号——资产减值》规定的，减值一经计提，不得转回。

正确的会计处理：固定资产可收回金额上升，已经计提的减值不能转回，戴伟公司无须进行任何会计处理。

事项（4）的会计处理不正确。

理由：已达到预定可使用状态但尚未办理竣工决算的固定资产，应当按照估计价值确定其成本，并计提折旧；待办理竣工决算后再按实际成本调整原来的暂估价值，但不需要调整原已计提的折旧额。

正确的会计处理：戴伟公司只需调整固定资产的入账价值，但不能调整折旧。

3.

（1）固定资产安装完毕入账价值 $=450+3+22+5+18+20\times 10\%=500$（万元）

（2）假定2023年4月10日安装完毕并交付使用，采用平均年限法计算2023年、2024年和2028年年折旧额：

2023年年折旧额 $=(500-20)\div 5\times\frac{8}{12}=64$（万元）

2024年年折旧额 $=(500-20)\div 5=96$（万元）

2028年年折旧额 $=(500-20)\div 5\times\frac{4}{12}=32$（万元）

（3）假定2023年9月10日安装完毕并交付使用，采用年数总和法计算2023年、2024年和2028年年折旧额：

2023年年折旧额 $=(500-20)\times\frac{5}{15}\times\frac{3}{12}=40$（万元）

2024年年折旧额 $=(500-20)\times\frac{5}{15}\times\frac{9}{12}+(500-20)\times\frac{4}{15}\times\frac{3}{12}=152$（万元）

2028年年折旧额 $=(500-20)\times\frac{1}{15}\times\frac{9}{12}=24$（万元）

（4）假定2023年12月10日安装完毕并交付使用，采用双倍余额递减法计算2024～2028年年折旧额：

2024年年折旧额 $=500\times\frac{2}{5}=200$（万元）

2025年年折旧额 $=(500-200)\times\frac{2}{5}=120$（万元）

2026年年折旧额 $=(500-200-120)\times\frac{2}{5}=72$（万元）

2027年年折旧额 $=(500-200-120-72-20)\div 2=44$（万元）

2028年年折旧额 $=(500-200-120-72-20)\div 2=44$（万元）

（5）假定2023年3月10日安装完毕并交付使用，采用双倍余额递减法计算2023～2028年年折旧额：

2023年年折旧额 $=500\times\frac{2}{5}\times\frac{9}{12}=150$（万元）

2024年年折旧额 $=500\times\frac{2}{5}\times\frac{3}{12}+(500-200)\times\frac{2}{5}\times\frac{9}{12}=140$（万元）

2025年年折旧额 $=(500-200)\times\frac{2}{5}\times\frac{3}{12}+(500-200-120)\times\frac{2}{5}\times\frac{9}{12}=84$（万元）

2026年年折旧额 $=(500-200-120)\times\frac{2}{5}\times\frac{3}{12}+(500-200-120-72-20)\div 2\times\frac{9}{12}=51$（万元）

2027年年折旧额 $=(500-200-120-72-20)\div 2=44$（万元）

2028年年折旧额 $=(500-200-120-72-20)\div 2\times\frac{3}{12}=11$（万元）

4.

（1）计算甲公司该机器总价款的现值：

该机器总价款的现值 $=1\ 500/(1+6\%)^{1}+900/(1+6\%)^{2}+600/(1+6\%)^{3}=1\ 415.0943+800.9968+503.7716=2\ 719.8627$（万元）

（2）计算甲公司该机器总价款与现值的差额：

未确认融资费用 $=3\ 000-2\ 719.8627=280.1373$（万元）

（3）2022 年 1 月 1 日购入该机器时的会计分录：

借：工程物资	27 198 627	
未确认融资费用	2 801 373	
贷：长期应付款		30 000 000

（4）2022 年 1 月 10 日将该机器设备投入安装，支付安装费用时的会计分录：

借：在建工程	29 198 627	
贷：工程物资		27 198 627
银行存款		2 000 000

（5）2022 年 3 月 20 日支付安装费用和交付使用时的会计分录：

借：在建工程	10 801 373	
贷：银行存款		10 801 373
借：固定资产	40 000 000	
贷：在建工程		40 000 000

（6）2022 年 12 月 31 日支付设备价款和计提折旧时的会计分录：

借：长期应付款	15 000 000	
贷：银行存款		15 000 000
借：财务费用	1 631 918	
贷：未确认融资费用		1 631 918
借：制造费用	2 880 000	
贷：累计折旧		2 880 000

（7）2022 年 12 月 31 日支付工程尾款的会计分录：

借：固定资产	1 110 000	
贷：银行存款		1 110 000

（8）2023 年 12 月 31 日支付设备价款和计提折旧时的会计分录：

借：长期应付款	9 000 000	
贷：银行存款		9 000 000
借：财务费用	829 833	
贷：未确认融资费用		829 833
借：制造费用	3 960 000	
贷：累计折旧		3 960 000

（9）2024 年 6 月 30 日发生修理费用时的会计分录：

借：管理费用	300 000	
贷：银行存款		300 000

（10）2024 年 12 月 31 日支付设备价款和计提折旧时的会计分录：

借：长期应付款	6 000 000	
贷：银行存款		6 000 000
借：财务费用	339 622	
贷：未确认融资费用		339 622
借：制造费用	3 960 000	
贷：累计折旧		3 960 000

第七章

无形资产

一、单项选择题

1	2	3	4	5	6	7	8	9	10
B	B	A	A	A	D	C	B	B	C

二、多项选择题

1	2	3	4	5	6	7	8	9	10
ABC	BCD	AB	ABCD	AD	CD	ABCD	ABCD	ABCD	AB

三、判断题

1	2	3	4	5	6	7	8	9
×	×	√	×	√	×	×	×	×

四、计算及账务处理题

1.

（1）2022 年 1 月 1 日购入无形资产时的会计分录：

借：无形资产　　　　2 000 000

　　贷：银行存款　　　　2 000 000

（2）计算 2022 年该项无形资产的年摊销额：

2022 年该项无形资产的年摊销额 = 200 ÷ 5 = 40（万元）

（3）2022 年 12 月 31 日对该无形资产摊销时的会计分录：

借：管理费用　　　　400 000

　　贷：累计摊销　　　　400 000

（4）2023 年 12 月 31 日对该项无形资产计提减值准备时的会计分录：

2023 年 12 月 31 日，无形资产的账面价值 = 200 − 40 − 40 = 120（万元），甲公司估计其可收回金额为 108 万元，该无形资产应计提减值准备 12 万元。

借：资产减值损失　　120 000
　　贷：无形资产减值准备　　120 000

（5）计算2024年该项无形资产的年摊销额：

2024年该项无形资产的年摊销额 = 108 ÷ 3 = 36（万元）

（6）2024年12月31日对该无形资产摊销时的会计分录：

借：管理费用　　360 000
　　贷：累计摊销　　360 000

（7）计算2025年1月1日出售该无形资产的净损益：

出售该无形资产的净损益 = 100 -（200 - 40 - 40 - 36 - 12）= 28（万元）

（8）2025年1月1日出售该无形资产时的会计分录：

借：银行存款　　1 000 000
　　累计摊销　　1 160 000
　　无形资产减值准备　　120 000
　　贷：无形资产　　2 000 000
　　　　资产处置损益　　280 000

2.

（1）2022年研究阶段支出时的会计分录：

借：研发支出——费用化支出　　20 000 000
　　贷：应付职工薪酬　　3 000 000
　　　　累计折旧　　2 000 000
　　　　原材料　　6 000 000
　　　　银行存款　　9 000 000

借：管理费用　　20 000 000
　　贷：研发支出——费用化支出　　20 000 000

（2）2022年开发阶段支出时的会计分录：

借：研发支出——资本化支出　　10 000 000
　　贷：应付职工薪酬　　2 300 000
　　　　原材料　　700 000
　　　　累计折旧　　5 000 000
　　　　银行存款　　2 000 000

（3）2023年新产品开发成功时的会计分录：

借：无形资产　　10 000 000
　　贷：研发支出——资本化支出　　10 000 000

（4）2023年对无形资产进行摊销时的会计分录：

借：制造费用（或生产成本）　　2 000 000
　　贷：累计摊销　　2 000 000

（5）计算2025年对该无形资产应计提的减值准备：

2025年末该无形资产账面价值 = 1 000 - 200 × 3 = 400（万元）

2025年末该无形资产可收回金额（现值）= $190 \div (1 + 8\%) + 180 \div (1 + 8\%)^2$

=175.93+154.32

=330.25（万元）

2025年该无形资产应计提的减值准备=400-330.25=69.75（万元）

（6）2025年对该无形资产计提减值准备时的会计分录：

借：资产减值损失　697 500

　　贷：无形资产减值准备　697 500

（7）计算2026年对该无形资产应计提的摊销额：

2026年该无形资产应计提的摊销额=（1 000-600-69.75）÷2=165.13（万元）

（8）2026年对无形资产进行摊销时的会计分录：

借：制造费用（或生产成本）　1 651 300

　　贷：累计摊销　1 651 300

第八章

流动负债

一、单项选择题

1	2	3	4	5	6	7	8	9	10
C	D	A	B	C	A	D	C	B	C
11	12	13	14	15	16	17	18	19	20
D	A	B	A	C	C	D	A	D	B

二、多项选择题

1	2	3	4	5	6	7	8	9	10
BCD	BCD	AB	CD	BCD	CD	AD	ABC	ABCD	BC
11	12	13	14	15	16	17	18	19	
CD	CD	ABCD	AC	ABCD	BD	ABD	CD	BCD	

三、判断题

1	2	3	4	5	6	7	8	9	10
×	×	×	√	×	√	√	×	×	×
11	12	13	14	15	16	17	18	19	20
√	√	√	√	×	√	×	×	×	√

四、计算及账务处理题

1.

（1）2022 年 4 月 1 日取得短期借款时的会计分录：

借：银行存款	200 000	
贷：短期借款		200 000

（2）2022 年 4 月 30 日计提短期借款利息时的会计分录：

借：财务费用	1 000	
贷：应付利息		1 000

（3）2022 年 5 月 31 日计提短期借款利息时的会计分录：

借：财务费用	1 000	
贷：应付利息		1 000

（4）2022 年 6 月 30 日偿付短期借款本息时的会计分录：

借：财务费用	1 000	
应付利息	2 000	
短期借款	200 000	
贷：银行存款		203 000

2.

（1）2022 年 5 月 5 日购入原材料时的会计分录：

借：原材料	150 000	
应交税费——应交增值税（进项税额）	19 500	
贷：银行存款		169 500

（2）2022 年 5 月 8 日销售应税消费品时的会计分录：

借：银行存款	339 000	
贷：主营业务收入		300 000
应交税费——应交增值税（销项税额）		39 000
借：税金及附加	30 000	
贷：应交税费——应交消费税		30 000

（3）2022 年 5 月 10 日领用原材料用于厂房和职工俱乐部工程建设时的会计分录：

借：在建工程——厂房工程	30 000	
贷：原材料		30 000
借：在建工程——职工俱乐部工程	33 900	
贷：原材料		30 000
应交税费——应交增值税（进项税额转出）		3 900

或者将上述两笔会计分录合并编制一笔会计分录如下：

借：在建工程——厂房工程	30 000	
——职工俱乐部工程	33 900	
贷：原材料		60 000
应交税费——应交增值税（进项税额转出）		3 900

（4）2022 年 5 月 13 日出售不动产时的会计分录：

借：固定资产清理 270 000
　　累计折旧 30 000
　　贷：固定资产 300 000

借：银行存款 327 000
　　贷：固定资产清理 300 000
　　　　应交税费——应交增值税（销项税额） 27 000

借：固定资产清理 30 000
　　贷：资产处置损益 30 000

（5）2022 年 5 月 15 日购入设备时的会计分录：

借：固定资产 100 000
　　应交税费——应交增值税（进项税额） 13 000
　　贷：银行存款 113 000

（6）2022 年 5 月 20 日在建职工俱乐部工程领用本企业产成品时的会计分录：

借：在建工程——职工俱乐部工程 93 000
　　贷：库存商品 80 000
　　　　应交税费——应交增值税（销项税额） 13 000

（7）2022 年 5 月 31 日缴纳相关税费时的会计分录：

借：应交税费——应交增值税（已交税金） 20 000
　　　　　　——未交增值税 15 000
　　　　　　——应交消费税 30 000
　　贷：银行存款 65 000

（8）2022 年 5 月 31 日应结转当月应交未交增值税时的会计分录：

5 月应交增值税 = 销项税额 + 进项税额转出 − 进项税额
= (39 000 + 27 000 + 13 000) + 3 900 − (19 500 + 13 000)
= 50 400（元）

5 月未交增值税 = 50 400 − 20 000 = 30 400（元）

借：应交税费——应交增值税（转出未交增值税） 30 400
　　贷：应交税费——未交增值税 30 400

（9）2022 年 5 月 31 日计提附加税费、房产税等的会计分录：

借：税金及附加 19 043
　　贷：应交税费——应交城市维护建设税 5 630
　　　　　　　　——应交教育费附加 2 413
　　　　　　　　——应交房产税 4 000
　　　　　　　　——应交车船税 2 000
　　　　　　　　——应交土地使用税 5 000

（10）2022 年 5 月 31 日缴纳印花税时的会计分录：

借：税金及附加 1 500
　　贷：银行存款 1 500

3.

（1）2022 年 11 月 30 日分配职工工资时的会计分录：

借：生产成本　　600 000
　　制造费用　　120 000
　　管理费用　　200 000
　　销售费用　　50 000
　　在建工程　　30 000
　　贷：应付职工薪酬——工资　　1 000 000

（2）2022 年 11 月 30 日计提医疗保险费、养老保险费、失业保险费、住房公积金、工会经费和职工教育经费时的会计分录：

借：生产成本　　270 000
　　制造费用　　54 000
　　管理费用　　90 000
　　销售费用　　22 500
　　在建工程　　13 500
　　贷：应付职工薪酬——医疗保险费　　80 000
　　　　　　　　　　——设定提存计划　　220 000
　　　　　　　　　　——住房公积金　　105 000
　　　　　　　　　　——工会经费　　20 000
　　　　　　　　　　——职工教育经费　　25 000

（3）2022 年 11 月 30 日代扣个人所得税并支付工资时的会计分录：

借：应付职工薪酬——工资　　1 000 000
　　贷：应交税费——应交个人所得税　　30 000
　　　　银行存款　　970 000

（4）2022 年 11 月 30 日以银行存款向社会保险部门支付计提的医疗保险费、养老保险费和失业保险费，向住房公积金管理中心支付计提的住房公积金，向工会支付计提的工会经费时的会计分录：

借：应付职工薪酬——医疗保险费　　80 000
　　　　　　　　——设定提存计划　　220 000
　　　　　　　　——住房公积金　　105 000
　　　　　　　　——工会经费　　20 000
　　贷：银行存款　　425 000

（5）2022 年 11 月 30 日以自产 A 产品作为福利发放给公司每名职工时的会计分录：

借：生产成本　　678 000
　　制造费用　　135 600
　　管理费用　　226 000
　　销售费用　　56 500
　　在建工程　　33 900
　　贷：应付职工薪酬——非货币性福利　　1 130 000

借：应付职工薪酬——非货币性福利 1 130 000

　　贷：主营业务收入 1 000 000

　　　　应交税费——应交增值税（销项税额） 130 000

借：主营业务成本 800 000

　　贷：库存商品 800 000

（6）2022 年 11 月 30 日计提辞退福利时的会计分录：

借：管理费用 300 000

　　贷：应付职工薪酬——辞退福利 300 000

4.

（1）2022 年 12 月 31 日为职工发放小电器时的会计分录：

借：生产成本 791 000

　　制造费用 113 000

　　管理费用 226 000

　　贷：应付职工薪酬——非货币性福利 1 130 000

借：应付职工薪酬——非货币性福利 1 130 000

　　贷：主营业务收入 1 000 000

　　　　应交税费——应交增值税（销项税额） 130 000

借：主营业务成本 900 000

　　贷：库存商品 900 000

（2）2022 年 12 月 31 日因给予总部各部门经理级别以上职工提供汽车免费使用时的会计分录：

借：管理费用 30 000

　　贷：应付职工薪酬——非货币性福利 30 000

借：应付职工薪酬——非货币性福利 30 000

　　贷：其他业务收入 30 000

借：其他业务成本 15 000

　　贷：累计折旧 15 000

（3）2022 年 12 月 31 日因给予副总裁以上高级管理人员租赁公寓免费使用时的会计分录：

借：管理费用 45 000

　　贷：应付职工薪酬——非货币性福利 45 000

借：应付职工薪酬——非货币性福利 45 000

　　贷：银行存款 45 000

第九章

非流动负债

一、单项选择题

1	2	3	4	5	6	7	8
D	D	B	C	D	A	C	C

二、多项选择题

1	2	3	4	5	6	7
ABCD	ABCD	ACD	AD	ABCD	ACD	ABD

三、判断题

1	2	3	4	5	6	7
×	√	×	√	×	×	×

四、计算及账务处理题

1.

（1）计算2022年利息资本化金额：

①计算2022年专门借款应予资本化的利息金额：

2022年专门借款发生的利息金额 $=3\ 000\times6\%=180$（万元）

2022年8~11月暂停资本化期间专门借款的利息费用 $=3\ 000\times6\%\times\frac{120}{360}$

$=60$（万元）

2022年专门借款存入银行取得的利息收入 $=1\ 500\times0.5\%\times6=45$（万元）

2022年应予资本化的专门借款利息金额 $=180-60-45=75$（万元）

②计算2022年一般借款应予资本化的利息金额：

2022年占用一般借款资金的资产支出加权平均数 $=1\ 500\times\frac{60}{360}=250$（万元）

2022 年一般借款发生的利息金额 $=4\ 000\times9\%+3\ 000\times8\%\times\frac{180}{360}=480$（万元）

2022 年一般借款的资本化率 $=480\div(4\ 000+3\ 000\times\frac{180}{360})\times100\%=8.73\%$

2022 年一般借款应予资本化的利息金额 $=250\times8.73\%=21.83$（万元）

③计算 2022 年应予资本化的利息金额：

2022 年应予资本化的借款利息金额 $=75+21.83=96.83$（万元）

（2）计算 2022 年利息费用化金额：

2022 年暂停资本化期间专门借款的利息费用 $=3\ 000\times6\%\times\frac{120}{360}=60$（万元）

2022 年应予费用化的一般借款利息金额 $=480-21.83=458.17$（万元）

2022 年应予费用化的借款利息金额 $=60+458.17=518.17$（万元）

（3）2022 年 12 月 31 日计提借款利息时的会计分录：

借：在建工程	968 300	
财务费用	5 181 700	
应收利息（或银行存款）	450 000	
贷：应付利息		6 600 000

（4）计算 2023 年利息资本化金额：

①计算 2023 年专门借款应予资本化的利息金额：

2023 年应予资本化的专门借款利息金额 $=3\ 000\times6\%=180$（万元）

②计算 2023 年一般借款应予资本化的利息金额：

2023 年占用一般借款资金的资产支出加权平均数 $=1\ 500\times\frac{360}{360}+2\ 000\times\frac{360}{360}+3\ 000\times\frac{180}{360}=5\ 000$（万元）

2023 年一般借款发生的利息金额 $=4\ 000\times9\%+3\ 000\times8\%=600$（万元）

2023 年一般借款的资本化率 $=600\div(4\ 000+3\ 000)\times100\%=8.57\%$

2023 年一般借款应予资本化的利息金额 $=5\ 000\times8.57\%=428.5$（万元）

③计算 2023 年应予资本化的利息金额：

2023 年应予资本化的借款利息金额 $=180+428.5=608.5$（万元）

（5）计算 2023 年利息费用化金额：

2023 年应予费用化的一般借款利息金额 $=600-428.5=171.5$（万元）

（6）2023 年 12 月 31 日计提借款利息时的会计分录：

借：在建工程	6 085 000	
财务费用	1 715 000	
贷：应付利息		7 800 000

2.

（1）2022 年 9 月 30 日取得借款时的会计分录：

借：银行存款	5 000 000	
贷：长期借款——本金		5 000 000

（2）2022 年 9 月 30 日支付设备款和相关杂费及保险费时的会计分录：

借：固定资产	4 400 000	
应交税费——应交增值税（进项税额）	520 000	
贷：银行存款		4 920 000

（3）2022 年 12 月 31 日计提借款利息时的会计分录：

借：财务费用	75 000	
贷：应付利息		75 000

（4）2023 年 9 月 30 日支付借款利息时的会计分录：

借：财务费用	75 000	
应付利息	225 000	
贷：银行存款		300 000

（5）2025 年 9 月 30 日到期还本并支付最后一年利息时的会计分录：

借：长期借款——本金	5 000 000	
财务费用	75 000	
应付利息	225 000	
贷：银行存款		5 300 000

3.

（1）2022 年 1 月 1 日发行债券时的会计分录：

借：银行存款	29 428 200	
应付债券——利息调整	571 800	
贷：应付债券——面值		30 000 000

（2）2022 年 6 月 30 日计提债券利息时的会计分录：

借：在建工程	588 564	
贷：应付利息		450 000
应付债券——利息调整		138 564

（3）2022 年 7 月 1 日支付债券利息时的会计分录：

借：应付利息	450 000	
贷：银行存款		450 000

（4）2022 年 12 月 31 日计提债券利息时的会计分录：

借：财务费用	591 335	
贷：应付利息		450 000
应付债券——利息调整		141 335

（5）2023 年 1 月 1 日支付债券利息时的会计分录：

借：应付利息	450 000	
贷：银行存款		450 000

（6）2023 年 6 月 30 日计提债券利息时的会计分录：

借：财务费用	594 162	
贷：应付利息		450 000
应付债券——利息调整		144 162

（7）2023 年 7 月 1 日支付债券利息时的会计分录：

借：应付利息　　450 000

　　贷：银行存款　　450 000

（8）2023 年 12 月 31 日计提债券利息时的会计分录：

借：财务费用　　597 739

　　贷：应付利息　　450 000

　　　　应付债券——利息调整　　147 739

（9）2024 年 1 月 1 日支付债券本金和利息时的会计分录：

借：应付债券——面值　　30 000 000

　　应付利息　　450 000

　　贷：银行存款　　30 450 000

4.

（1）计算并填列下表（计算中小数点四舍五入造成差异在最后一年调整，金额单位用万元表示）

计息日期	应计利息 ①＝面值×8%	利息费用 ②＝上期⑤×6.5537%	摊销的利息调整 ③＝①－②	未摊销的利息调整④＝上期④－③	应付债券摊余成本⑤＝上期⑤＋①－③
2022.1.1	0	0	0	12	512
2022.12.31	40	33.5549	6.4451	5.5549	545.5549
2023.12.31	40	35.7540	4.2460	1.3089	581.3089
2024.12.31	40	38.0972	1.9028	－0.5939	619.4061
2025.12.31	40	40.5939	－0.5939	0	660

（2）2022 年 1 月 1 日发行债券时的会计分录：

借：银行存款　　5 120 000

　　贷：应付债券——面值　　5 000 000

　　　　　　　　——利息调整　　120 000

（3）2022 年 12 月 31 日计息时的会计分录：

借：财务费用　　335 549

　　应付债券——利息调整　　64 451

　　贷：应付债券——应计利息　　400 000

（4）2023 年 12 月 31 日计息时的会计分录：

借：财务费用　　357 540

　　应付债券——利息调整　　42 460

　　贷：应付债券——应计利息　　400 000

（5）2024 年 12 月 31 日计息时的会计分录：

借：财务费用　　380 972

　　应付债券——利息调整　　19 028

　　贷：应付债券——应计利息　　400 000

（6）2025 年 12 月 31 日计息时的会计分录：

借：财务费用	405 939	
贷：应付债券——利息调整		5 939
——应计利息		400 000

（7）2026 年 1 月 1 日到期还本付息时的会计分录：

借：应付债券——面值	5 000 000	
——应计利息	1 600 000	
贷：银行存款		6 600 000

第十章

所有者权益

一、单项选择题

1	2	3	4	5	6	7	8	9	10
B	D	B	A	A	B	B	A	D	D

二、多项选择题

1	2	3	4	5	6	7	8	9	10
BD	BD	ABCD	BD	ACD	CD	ABD	ABC	AB	CD
11	12	13							
AB	BD	ABCD							

三、判断题

1	2	3	4	5	6	7	8	9	10
×	×	√	×	√	×	×	×	√	√
11	12	13	14	15	16	17	18		
×	√	√	√	√	×	×	√		

四、计算及账务处理题

1.

（1）计算蓝海公司应确认的资本公积金额：

资本公积金额 =500 000 ×4.8 ×（1 −1.5%）−500 000 =1 864 000（元）

（2）蓝海公司 2022 年发行股票的会计分录：

借：银行存款　　2 364 000

　　贷：股本　　500 000

　　　　资本公积——股本溢价　　　　1 864 000

2.

（1）每股回购价为 0.9 元时：

①回购股票时的会计分录：

借：库存股　　81 000 000

　　贷：银行存款　　81 000 000

②注销股票时的会计分录：

借：股本　　90 000 000

　　贷：库存股　　81 000 000

　　　　资本公积——股本溢价　　9 000 000

（2）每股回购价为 1.8 元时：

①回购股票时的会计分录：

借：库存股　　162 000 000

　　贷：银行存款　　162 000 000

②注销股票时的会计分录：

借：股本　　90 000 000

　　资本公积——股本溢价　　72 000 000

　　贷：库存股　　162 000 000

（3）每股回购价为 3 元时：

①回购股票时的会计分录：

借：库存股　　270 000 000

　　贷：银行存款　　270 000 000

②注销股票时的会计分录：

借：股本　　90 000 000

　　资本公积——股本溢价　　100 000 000

　　盈余公积　　70 000 000

　　利润分配——未分配利润　　10 000 000

　　贷：库存股　　270 000 000

3.

（1）2022 年 12 月 31 日收到投资者投入资本时的会计分录：

借：银行存款　　1 680

　　固定资产　　200

　　无形资产　　120

　　贷：实收资本——甲　　800

　　　　　　　　——乙　　700

　　　　　　　　——丙　　500

（2）2023 年宣告分派现金股利时的会计分录：

借：利润分配——应付现金股利　　300

　　贷：应付股利——甲　　120

——乙 105

——丙 75

（3）计算 2024 年 12 月 31 日吸收丁股东出资时产生的资本公积：

丁股东出资时产生的资本公积 =（360 + 33.9）- 3 000 × 10% = 93.9（万元）

（4）2024 年 12 月 31 日收到甲、乙、丙股东追加投资和丁股东出资时的会计分录：

借：银行存款 1 060

原材料 30

应交税费——应交增值税（进项税额） 3.9

贷：实收资本——甲 280

——乙 245

——丙 175

——丁 300

资本公积 93.9

（5）计算 2024 年 12 月 31 日增资扩股后各股东的持股比例：

甲 =（800 + 280）÷ 3 000 = 36%

乙 =（700 + 245）÷ 3 000 = 31.5%

丙 =（500 + 175）÷ 3 000 = 22.5%

丁 = 10% [或：丁 = 300 ÷ 3 000 = 10%]

4.

（1）计算 2022 年年末“利润分配——未分配利润”科目余额：

“利润分配——未分配利润”科目的余额 = 8 000 000 + 20 000 000 - 3 000 000

= 25 000 000（元）

（2）2022 年年末结转本年利润时的会计分录：

借：本年利润 20 000 000

贷：利润分配——未分配利润 20 000 000

（3）2022 年年末计提盈余公积时的会计分录：

借：利润分配——提取法定盈余公积 2 000 000

——提取任意盈余公积 1 000 000

贷：盈余公积——法定盈余公积 2 000 000

——任意盈余公积 1 000 000

（4）2022 年年末结转利润分配明细科目余额时的会计分录：

借：利润分配——未分配利润 3 000 000

贷：利润分配——提取法定盈余公积 2 000 000

——提取任意盈余公积 1 000 000

（5）2023 年 3 月 15 日股东大会批准利润分配方案时的会计分录：

借：利润分配——应付现金股利 8 000 000

贷：应付股利 8 000 000

（6）2023 年 4 月 15 日办理完增资手续时的会计分录：

借：利润分配——转作股本的股利 5 000 000

　　贷：股本　　　　　　　　　　　　　　　　　　　　　　　　5 000 000
借：盈余公积　　　　　　　　　　　　　　　　　　　2 000 000
　　资本公积　　　　　　　　　　　　　　　　　　　3 000 000
　　贷：股本　　　　　　　　　　　　　　　　　　　　　　　　5 000 000

（7）2023 年年末结转利润分配明细科目余额时的会计分录：

借：利润分配——未分配利润　　　　　　　　　　　　13 000 000
　　贷：利润分配——应付现金股利　　　　　　　　　　　　　8 000 000
　　　　　　　　——转作股本的股利　　　　　　　　　　　　5 000 000

第十一章

收入与费用

一、单项选择题

1	2	3	4	5	6	7	8	9	10
A	B	D	B	B	D	C	D	C	D
11	12	13	14	15	16	17	18	19	20
D	A	B	A	C	B	B	A	C	A
21	22	23	24	25	26	27	28	29	30
C	B	A	B	B	D	B	C	D	C
31	32	33	34	35	36	37	38		
C	C	D	D	C	A	B	D		

二、多项选择题

1	2	3	4	5	6	7	8	9	10
ACD	ABD	ABD	ABC	ACD	ABCD	ABCD	ABC	ABCD	ABCD
11	12	13	14	15	16	17	18	19	20
ABD	CD	BCD	AD	ABC	ABC	AB	ACD	BCD	BD
21	22	23	24	25	26	27	28	29	30
ACD	BCD	ABD	BCD	ABC	ABD	CD	BC	AD	ABC

三、判断题

1	2	3	4	5	6	7	8	9	10
√	×	√	√	√	×	√	×	×	×
11	12	13	14	15	16	17	18	19	20
√	×	×	×	√	√	×	√	√	√
21	22	23	24	25	26	27	28	29	30
√	×	×	√	√	√	×	×	√	×

四、计算及账务处理题

1.

（1）2022 年实际发生成本时的会计分录：

借：合同履约成本　　19 000

　　贷：应付职工薪酬　　19 000

预收咨询费时的会计分录：

借：银行存款　　40 000

　　贷：合同负债　　40 000

2022 年 12 月 31 日按履约进度确认收入和费用：

劳务的履约进度 = 9 ÷ 24 = 37.5%

应确认的收入 = 120 000 × 37.5% − 0 = 45 000（元）

应确认的费用 = 80 000 × 37.5% − 0 = 30 000（元）

借：合同负债　　45 000

　　贷：主营业务收入　　45 000

借：主营业务成本　　30 000

　　贷：合同履约成本　　30 000

（2）2023 年实际发生成本时的会计分录：

借：合同履约成本　　40 000

　　贷：应付职工薪酬　　40 000

预收咨询费时的会计分录：

借：银行存款　　40 000

　　贷：合同负债　　40 000

2023 年 12 月 31 日按履约进度确认收入和费用：

劳务的履约进度 = 21 ÷ 24 = 87.5%

应确认的收入 = 120 000 × 87.5% − 45 000 = 60 000（元）

应确认的费用 = 80 000 × 87.5% − 30 000 = 40 000（元）

借：合同负债　　60 000

贷：主营业务收入		60 000
借：主营业务成本	40 000	
贷：合同履约成本		40 000

（3）2024 年实际发生成本时的会计分录：

借：合同履约成本	21 000	
贷：应付职工薪酬		21 000

预收咨询费时的会计分录：

借：银行存款	40 000	
贷：合同负债		40 000

2024 年按履约进度确认剩余收入和费用的会计分录：

借：合同负债	15 000	
贷：主营业务收入		15 000
借：主营业务成本	10 000	
贷：合同履约成本		10 000

2.

（1）2022 年 7 月 1 日发出运动器材时：

借：银行存款	226 000	
贷：主营业务收入		160 000
预计负债——应付退货款		40 000
应交税费——应交增值税（销项税额）		26 000
借：主营业务成本	144 000	
应收退货成本	36 000	
贷：库存商品		180 000

（2）2022 年 7 月 31 日调整退货比率时：

借：预计负债——应付退货款	20 000	
贷：主营业务收入		20 000
借：主营业务成本	18 000	
贷：应收退货成本		18 000

（3）2022 年 8 月 31 日发生退货及退货期满时：

借：库存商品	9 000	
预计负债——应付退货款	20 000	
应交税费——应交增值税（销项税额）	1 300	
贷：银行存款		11 300
应收退货成本		9 000
主营业务收入		10 000
借：主营业务成本	9 000	
贷：应收退货成本		9 000

3.

（1）甲公司向乙公司销售商品不应确认收入。

理由：因与商品有关的控制权没有转移，不应确认收入。因回购价大于售价，所以按融资交易进行会计处理。

会计分录如下：

①2022 年 1 月 1 日：

借：银行存款　　1 243 000

　　贷：其他应付款　　1 100 000

　　　　应交税费——应交增值税（销项税额）　　143 000

借：发出商品　　900 000

　　贷：库存商品　　900 000

②2022 年 1 月 31 日：

借：财务费用　　20 000

　　贷：其他应付款　　20 000

（2）

①2022 年 1 月 2 日：

甲公司向丙公司的销售虽然采用分期收款，但该项收款不具有融资性质，甲公司应根据单位售价扣除商业折扣后的金额为基础确认销售收入，应确认主营业务收入 = 100 × 10 ×（1 − 20%） = 800（万元）

会计分录如下：

借：银行存款　　1 808 000

　　应收账款　　7 232 000

　　贷：主营业务收入　　8 000 000

　　　　应交税费——应交增值税（销项税额）　　1 040 000

借：主营业务成本　　7 200 000

　　贷：库存商品　　7 200 000

②2022 年 1 月 31 日：

借：银行存款　　3 616 000

　　贷：应收账款　　3 616 000

4.

（1）

根据资料（1），履约义务包括提供手机和通话服务。

甲公司每部手机公允价值为 4 800 元，每名客户享受通话服务的公允价值 = 300 × 24 = 7 200（元），2022 年 12 月手机应确认的收入 = 4 800/（4 800 + 7 200） × 10 000 × 20 = 80 000（万元），未来 24 个月通话服务应确认的收入 = 7 200/（4 800 + 7 200） × 10 000 × 20 = 120 000（万元），2022 年 12 月话费应确认的收入 = 120 000 ÷ 24 = 5 000（万元），甲公司于 2022 年 12 月应确认的收入 = 80 000 + 5 000 = 85 000（万元）。

理由：甲公司应当将收到的话费在手机销售和通话服务之间按相对公允价值比例进行分配。手机销售收入应在当月一次性确认，话费服务收入在提供通话服务期间逐期确认。

借：银行存款　　2 000 000 000

　　贷：主营业务收入　　850 000 000

合同负债　1 150 000 000

（2）

根据资料（2），履约义务包括当期通话服务及客户下期通话服务。

甲公司 2022 年 12 月应确认的收入金额 = 100/（100 + 10）×500 000 000 = 454 545 455（元）。

理由：甲公司取得50 000万元的收入，应当在当月提供服务和下月需要提供的免费服务之间按其公允价值的相对比例进行分配。

借：银行存款　500 000 000

贷：主营业务收入　454 545 455

合同负债　45 454 545

（3）

根据资料（3），履约义务包括提供通信设备和通讯设备维护。

甲公司应确认的收入金额 =（6 000 + 600 × 10）× 6 600/（6 600 + 540 × 10）= 6 600（万元）。

理由：因设备销售和设备维护合同相关联，甲公司应当将两项合同总收入按照相关设备和服务的相对公允价值比例进行分配。

借：应收账款　66 000 000

贷：主营业务收入　66 000 000

5.

（1）2023 年 1 月 1 日：

奖励积分公允价值 = 300 000 × 27 000/（300 000 + 27 000）= 24 771（元）

应确认收入 = 300 000 × 300 000/（300 000 + 27 000）= 275 229（元）

借：银行存款　300 000

贷：主营业务收入　275 229

合同负债　24 771

（2）2023 年度：

甲公司确认奖励积分的收入 = 24 771 × 15 000/27 000 = 13 762（元）

借：合同负债　13 762

贷：主营业务收入　13 762

（3）2024 年度：

甲公司确认奖励积分的收入 = 24 771 × 25 000/28 000 − 13 762 = 8 355（元）

借：合同负债　8 355

贷：主营业务收入　8 355

（4）2025 年度：

甲公司确认奖励积分的收入 = 24 771 − 13 762 − 8 355 = 2 654（元）

借：合同负债　2 654

贷：主营业务收入　2 654

第十二章

利润及其分配

一、单项选择题

1	2	3	4	5	6	7	8	9	10
D	D	D	C	C	C	D	B	C	B
11	12	13							
D	C	C							

二、多项选择题

1	2	3	4	5	6	7	8	9	10
ABCD	ABD	BCD	ABC	AC	AD	BD	ACD	ABC	AD
11	12	13	14	15					
ABC	BC	AC	BC	AD					

三、判断题

1	2	3	4	5	6	7	8	9	10
×	×	√	√	√	√	×	√	×	×
11	12	13	14	15	16	17	18	19	20
×	√	√	√	×	×	×	√	×	√

四、计算及账务处理题

1.

（1）计算甲公司2022年应交的企业所得税：

甲公司2022年应交的企业所得税额＝5 000 000×25%＝1 250 000（元）

（2）计算甲公司2022年所得税费用：

递延所得税费用 =（250 000 - 200 000）+（125 000 - 100 000）= 75 000（元）

所得税费用 = 当期所得税费用 + 递延所得税费用 = 1 250 000 + 75 000

= 1 325 000（元）

（3）甲公司所得税核算的会计分录：

借：所得税费用——当期所得税费用	1 250 000	
——递延所得税费用	75 000	
贷：应交税费——应交所得税		1 250 000
递延所得税资产		25 000
递延所得税负债		50 000

2.

（1）2022年与以公允价值计量且其变动计入当期损益的金融资产相关的会计分录：

借：交易性金融资产——成本	1 000 000	
贷：银行存款		1 000 000
借：应收股利	50 000	
贷：投资收益		50 000
借：银行存款	50 000	
贷：应收股利		50 000
借：交易性金融资产——公允价值变动	200 000	
贷：公允价值变动损益		200 000

（2）2022年与以公允价值计量且其变动计入其他综合收益的金融资产相关的会计分录：

借：其他权益工具投资——成本	8 000 000	
贷：银行存款		8 000 000
借：其他权益工具投资——公允价值变动	1 600 000	
贷：其他综合收益		1 600 000

（3）2022年与固定资产减值相关的会计分录：

借：资产减值损失	600 000	
贷：固定资产减值准备		600 000

（4）计算2022年应交的企业所得税：

2022年应交的企业所得税 =［8 000 - 20 + 60 +（2 500 - 2 000）- 30 + 30 + 100 + 40］× 25% = 2 170（万元）

（5）计算2022年12月31日应确认的递延所得税资产和递延所得税负债：

2022年12月31日因应纳税暂时性差异确认递延所得税负债的金额 =（20 + 160 - 40）× 25% = 35（万元）

2022年12月31日因可抵扣暂时性差异确认递延所得税资产的金额 =（60 + 100）× 25% = 40（万元）

（6）计算宏远公司2022年所得税费用：

2022年所得税费用 = 2 170 + 35 - 160 × 25% - 40 = 2 125（万元）

（7）2022年所得税核算的会计分录：

借：所得税费用——当期所得税费用 21 700 000
　　递延所得税资产 400 000
　　其他综合收益 400 000
　　贷：应交税费——应交所得税 21 700 000
　　　　递延所得税负债 350 000
　　　　所得税费用——递延所得税费用 450 000

3.

（1）提取法定盈余公积时的会计分录：

借：利润分配——提取法定盈余公积 800 000
　　贷：盈余公积——法定盈余公积 800 000

（2）提取任意盈余公积时的会计分录：

借：利润分配——提取任意盈余公积 400 000
　　贷：盈余公积——任意盈余公积 400 000

（3）向股东宣告分派现金股利时的会计分录：

借：利润分配——应付现金股利 4 000 000
　　贷：应付股利 4 000 000

（4）向股东宣告分派股票股利时的会计分录：

不需进行会计处理。

（5）向股东分派现金股利时的会计分录：

借：应付股利 4 000 000
　　贷：银行存款 4 000 000

（6）向股东分派股票股利时的会计分录：

借：利润分配——转作股本的股利 2 000 000
　　贷：股本 2 000 000

（7）结转利润分配账户的明细账户时的会计分录：

借：利润分配——未分配利润 7 200 000
　　贷：利润分配——提取法定盈余公积 800 000
　　　　　　　　——提取任意盈余公积 400 000
　　　　　　　　——应付现金股利 4 000 000
　　　　　　　　——转作股本的股利 2 000 000

4.

（1）计算 2022 年营业利润：

营业收入 = 2 000 + 200 = 2 200（万元）

营业成本 = 1 400 + 120 = 1 520（万元）

营业利润 = 营业收入 - 营业成本 - 税金及附加 - 销售费用 - 管理费用 - 财务费用 + 投资收益（ - 投资损失）+ 资产处置收益（ - 资产处置损失）= 2 200 - 1 520 - 50 - 70 - 162 - 20 + 150 + 38 = 566（万元）

（2）计算 2022 年利润总额：

利润总额 = 营业利润 + 营业外收入 - 营业外支出 = 566 + 110 - 76 = 600（万元）

（3）计算 2022 年应纳税所得额：

应纳税所得额 = 600 + 0 - 0 = 600（万元）

（4）计算 2022 年应交所得税：

应交所得税 = 600 × 25% = 150（万元）

（5）计算 2022 年所得税费用：

所得税费用 = 600 × 25% = 150（万元）

（6）2022 年所得税核算的会计分录：

借：所得税费用——当期所得税费用	1 500 000	
贷：应交税费——应交所得税		1 500 000

（7）2022 年本年利润核算的会计分录：

借：主营业务收入	20 000 000	
其他业务收入	2 000 000	
投资收益	1 500 000	
营业外收入	1 100 000	
资产处置损益	380 000	
贷：本年利润		24 980 000
借：本年利润	20 480 000	
贷：主营业务成本		14 000 000
其他业务成本		1 200 000
税金及附加		500 000
销售费用		700 000
管理费用		1 620 000
财务费用		200 000
营业外支出		760 000
所得税费用		1 500 000

（8）2022 年结转本年利润的会计分录：

借：本年利润	4 500 000	
贷：利润分配——未分配利润		4 500 000

（9）2022 年利润分配的会计分录：

借：利润分配——提取法定盈余公积	348 000	
——应付现金股利	2 000 000	
贷：盈余公积		348 000
应付股利		2 000 000

（10）2022 年结转利润分配明细科目的会计分录：

借：利润分配——未分配利润	2 348 000	
贷：利润分配——提取法定盈余公积		348 000
——应付现金股利		2 000 000

第十三章

财务报表

一、单项选择题

1	2	3	4	5	6	7	8	9	10
B	C	D	A	C	B	B	D	C	A
11	12	13	14	15					
A	D	D	A	B					

二、多项选择题

1	2	3	4	5	6	7	8	9	10
BC	BCD	AB	ABCD	ABD	ABCD	BD	ABCD	ACD	ABCD
11	12	13	14	15					
ABC	ACD	AD	AD	ABCD					

三、判断题

1	2	3	4	5	6	7	8	9	10
√	×	×	√	√	×	√	×	√	√
11	12	13	14						
√	√	√	√						

四、计算及账务处理题

1.

（1）2022 年 12 月 31 日资产负债表中应收账款项目应填列的金额：

应收账款项目的填列金额 =（500 + 20）- 520 × 5% = 494（万元）

（2）2022 年 12 月 31 日资产负债表中应付账款项目应填列的金额：

应付账款项目的填列金额 = 350 + 40 = 390（万元）

（3）2022 年 12 月 31 日资产负债表中预收款项项目应填列的金额：

预收款项项目的填列金额 = 250 + 100 = 350（万元）

（4）2022 年 12 月 31 日资产负债表中预付款项项目应填列的金额：

预付款项项目的填列金额 =（190 + 50）- 240 × 5% = 228（万元）

2.

（1）计算 2022 年度的营业利润：

2022 年度的营业利润 =（4 500 000 + 375 000）-（2 400 000 + 225 000）- 75 000 - 90 000 - 100 000 - 30 000 - 50 000 + 100 000 + 300 000 = 2 305 000（元）

（2）计算 2022 年度的利润总额：

2022 年度的利润总额 = 2 305 000 + 150 000 - 120 000 = 2 335 000（元）

（3）计算 2022 年度的净利润：

2022 年度的净利润 = 2 335 000 - 350 000 = 1 985 000（元）

3.

（1）2022 年度每股收益计算如下：

2022 年发行在外普通股加权平均数 = 82 000（万股）

基本每股收益 = 36 000 ÷ 82 000 = 0.44（元/股）

2022 年调整增加的普通股股数 = $(12\ 300 - 12\ 300 \times \frac{6}{10}) \times \frac{7}{12} = 2\ 870$（万股）

稀释每股收益 = 36 000 ÷（82 000 + 2 870）= 0.42（元/股）

（2）2023 年度每股收益计算如下：

2023 年发行在外普通股加权平均数 = $82\ 000 + 12\ 300 \times \frac{7}{12} = 89\ 175$（万股）

基本每股收益 = 54 000 ÷ 89 175 = 0.61（元/股）

2023 年调整增加的普通股股数 = $(12\ 300 - 12\ 300 \times \frac{6}{12}) \times \frac{5}{12} = 2\ 562.50$（万股）

稀释每股收益 = 54 000 ÷（89 175 + 2 562.50）= 0.59（元/股）

（3）2024 年度每股收益计算如下：

2024 年发行在外普通股加权平均数 =（82 000 + 12 300）× 1.2 = 113 160（万股）

2024 年基本每股收益 = 40 000 ÷ 113 160 = 0.35（元/股）

稀释每股收益 = 基本每股收益 = 0.35（元/股）

2023 年度发行在外普通股加权平均数 = $82\ 000 \times 1.2 + 12\ 300 \times \frac{7}{12} \times 1.2 = 107\ 010$（万股）

2023 年度基本每股收益 = 54 000 ÷ 107 010 = 0.50（元/股）

2023 年调整增加的普通股股数 = $(12\ 300 \times \frac{7}{12} + 2\ 562.50) \times 1.2 = 11\ 685$（万股）

2023 年度稀释每股收益 = 54 000 ÷（82 000 × 1.2 + 11 685）= 0.49（元/股）

或者：2023 年度稀释每股收益 = 54 000 ÷ [（89 175 + 2 562.50）× 1.2]

= 0.49（元/股）

4.

（1）甲公司2022年“销售商品、提供劳务收到的现金”项目的金额

=（1 000+130）+（100−150）+（60−50）=1 090（万元）

（2）甲公司2022年“经营活动产生的现金流量净额”项目的金额

=600−100+50−75−25+40+10=500（万元）

（3）甲公司2022年“收回投资收到的现金”项目的金额

=（100+5）+（200+6）=311（万元）

（4）甲公司2022年“支付的其他与经营活动有关的现金”项目的金额

=2 200−950−25−420−200=605（万元）

（5）甲公司2022年“分配股利、利润或偿付利息支付的现金”项目的金额

=70 000+（30 000−10 000）=90 000（元）

（6）甲公司2022年“收到的税费返还”项目的金额

=13 000+2 000=15 000（元）

五、综合题

1. 根据资料编制会计分录：

（1）用银行存款支付到期的商业承兑汇票时的会计分录：

借：应付票据	200 000	
贷：银行存款		200 000

（2）购入原材料一批，款项已付，材料尚未收到时的会计分录：

借：材料采购	300 000	
应交税费——应交增值税（进项税额）	39 000	
贷：银行存款		339 000

（3）材料验收入库时的会计分录：

借：原材料	190 000	
材料成本差异	10 000	
贷：材料采购		200 000

（4）用银行汇票采购材料时的会计分录：

借：材料采购	199 600	
银行存款	8 452	
应交税费——应交增值税（进项税额）	25 948	
贷：其他货币资金		234 000
借：原材料	200 000	
贷：材料采购		199 600
材料成本差异		400

（5）销售产品一批，价款未收到时的会计分录：

借：应收账款	678 000	
贷：主营业务收入		600 000
应交税费——应交增值税（销项税额）		78 000

（6）转让以公允价值计量且其变动计入当期损益的金融资产时的会计分录：

借：银行存款　33 000
　贷：交易性金融资产——成本　30 000
　　投资收益　3 000

（7）购入不需要安装的生产设备时的会计分录：

借：固定资产　170 000
　应交税费——应交增值税（进项税额）　22 100
　贷：银行存款　192 100

（8）购入工程物资时的会计分录：

借：工程物资　300 000
　贷：银行存款　300 000

（9）在建工程应付职工薪酬和相关税费的会计分录：

借：在建工程　656 000
　贷：应付职工薪酬——工资　400 000
　　　　——职工福利　56 000
　　应交税费　200 000

（10）在建工程应负担长期借款利息的会计分录：

借：在建工程　300 000
　贷：应付利息　300 000

（11）在建工程完工时的会计分录：

借：固定资产　2 800 000
　贷：在建工程　2 800 000

（12）机床报废时的会计分录：

借：固定资产清理　40 000
　累计折旧　360 000
　贷：固定资产　400 000

借：固定资产清理　1 000
　贷：银行存款　1 000

借：银行存款　1 600
　贷：固定资产清理　1 600

借：营业外支出　39 400
　贷：固定资产清理　39 400

（13）从银行借入3年期长期借款时的会计分录：

借：银行存款　800 000
　贷：长期借款——本金　800 000

（14）销售产品时的会计分录：

借：银行存款　1 582 000
　贷：主营业务收入　1 400 000
　　应交税费——应交增值税（销项税额）　182 000

(15) 银行承兑汇票到期兑付的会计分录：

借：银行存款	400 000	
贷：应收票据		400 000

(16) 收到被投资单位宣告分派的现金股利的会计分录：

借：应收股利	60 000	
贷：投资收益		60 000
借：银行存款	60 000	
贷：应收股利		60 000

(17) 出售一台不需用设备的会计分录：

借：固定资产清理	500 000	
累计折旧	300 000	
贷：固定资产		800 000
借：银行存款	600 000	
贷：固定资产清理		600 000
借：固定资产清理	100 000	
贷：资产处置损益		100 000

(18) 计提借款利息的会计分录：

借：财务费用	43 000	
贷：应付利息		43 000

(19) 提取现金的会计分录：

借：库存现金	1 000 000	
贷：银行存款		1 000 000

(20) 以现金发放工资的会计分录：

借：应付职工薪酬——工资	1 000 000	
贷：库存现金		1 000 000

(21) 工资分配的会计分录：

借：生产成本	550 000	
制造费用	20 000	
管理费用	30 000	
贷：应付职工薪酬——工资		600 000

(22) 职工福利费分配的会计分录：

借：生产成本	77 000	
制造费用	2 800	
管理费用	4 200	
贷：应付职工薪酬——职工福利		84 000

(23) 归还短期借款本金和利息的会计分录：

借：短期借款	500 000	
应付利息	25 000	
贷：银行存款		525 000

(24) 领用原材料和低值易耗品的会计分录：

借：生产成本　　1 400 000
　　贷：原材料　　1 400 000
借：制造费用　　100 000
　　贷：周转材料——低值易耗品　　100 000

(25) 结转领用原材料和低值易耗品应分摊的材料成本差异的会计分录：

当期领用原材料应负担的材料成本差异 = 1 400 000 × 5% = 70 000（元）

当期领用低值易耗品应负担的材料成本差异 = 100 000 × 5% = 5 000（元）

借：生产成本　　70 000
　　制造费用　　5 000
　　贷：材料成本差异　　75 000

(26) 无形资产摊销的会计分录：

借：管理费用　　120 000
　　贷：累计摊销　　120 000

(27) 固定资产计提折旧的会计分录：

借：制造费用　　340 000
　　管理费用　　60 000
　　贷：累计折旧　　400 000

(28) 收回应收款和计提坏账准备的会计分录：

借：银行存款　　102 000
　　贷：应收账款　　102 000
借：信用减值损失　　1 800
　　贷：坏账准备　　1 800

(29) 支付产品展览费的会计分录：

借：销售费用　　20 000
　　贷：银行存款　　20 000

(30) 完工产品入库的会计分录：

借：生产成本　　467 800
　　贷：制造费用　　467 800
借：库存商品　　2 564 800
　　贷：生产成本　　2 564 800

(31) 支付广告费的会计分录：

借：销售费用　　20 000
　　贷：银行存款　　20 000

(32) 采用银行承兑汇票结算方式销售产品的会计分录：

借：应收票据　　565 000
　　贷：主营业务收入　　500 000
　　　　应交税费——应交增值税（销项税额）　　65 000

(33) 银行承兑汇票贴现的会计分录：

借：银行存款　　525 000
　　财务费用　　40 000
　　贷：应收票据　　565 000

（34）应交纳教育费附加的会计分录：

借：税金及附加　　4 000
　　贷：应交税费——应交教育费附加　　4 000

（35）交纳增值税和教育费附加的会计分录：

借：应交税费——应交增值税（已交税金）　　200 000
　　　　　　——应交教育费附加　　4 000
　　贷：银行存款　　204 000

（36）结转本期产品销售成本的会计分录：

借：主营业务成本　　1 500 000
　　贷：库存商品　　1 500 000

（37）将各损益类科目发生额结转至本年利润的会计分录：

借：主营业务收入　　2 500 000
　　投资收益　　63 000
　　资产处置损益　　100 000
　　贷：本年利润　　2 663 000

借：本年利润　　1 882 400
　　贷：主营业务成本　　1 500 000
　　　　税金及附加　　4 000
　　　　销售费用　　40 000
　　　　管理费用　　214 200
　　　　信用减值损失　　1 800
　　　　财务费用　　83 000
　　　　营业外支出　　39 400

（38）本年所得税费用的会计分录：

借：所得税费用　　204 798
　　递延所得税资产　　450
　　贷：应交税费——应交所得税　　205 248

借：本年利润　　204 798
　　贷：所得税费用　　204 798

（39）结转本年利润的会计分录：

借：本年利润　　575 802
　　贷：利润分配——未分配利润　　575 802

（40）利润分配的会计分录：

①提取法定盈余公积：

借：利润分配——提取法定盈余公积　　57 580. 20
　　贷：盈余公积——法定盈余公积　　57 580. 20

②提取任意盈余公积：

借：利润分配——提取任意盈余公积　　28 790.10

　贷：盈余公积——任意盈余公积金　　28 790.10

③宣告分派现金股利：

借：利润分配——应付现金股利　　64 431.70

　贷：应付股利　　64 431.70

④将利润分配各明细科目的余额转入“利润分配——未分配利润”明细科目：

借：利润分配——未分配利润　　150 802

　贷：利润分配——提取法定盈余公积　　57 580.20

　　　　　　——提取任意盈余公积　　28 790.10

　　　　　　——应付现金股利　　64 431.70

（41）偿还长期借款的会计分录：

借：长期借款——本金　　2 000 000

　贷：银行存款　　2 000 000

（42）交纳企业所得税的会计分录：

借：应交税费——应交所得税　　194 178

　贷：银行存款　　194 178

2. 甲股份有限公司2023年12月31日的科目余额表

科目名称	借方余额	科目名称	贷方余额
库存现金	4 000	坏账准备	3 600
银行存款	1 676 774	累计折旧	540 000
其他货币资金	14 600	累计摊销	220 000
交易性金融资产	0	短期借款	100 000
应收票据	92 000	应付票据	200 000
应收账款	1 176 000	应付账款	1 907 600
预付账款	200 000	其他应付款	100 000
其他应收款	10 000	应付职工薪酬	360 000
材料采购	550 000	应交税费	322 672
原材料	90 000	应付利息	320 000
周转材料——低值易耗品	76 100	应付股利	64 431.70
库存商品	4 424 800	长期借款	2 000 000
材料成本差异	8 500	其中：一年内到期的长期借款	0
长期股权投资	500 000	股本	10 000 000
固定资产	4 770 000	其他权益工具	0
工程物资	300 000	资本公积	30 000
在建工程	1 156 000	其他综合收益	0
无形资产	1 300 000	盈余公积	136 370.30
长期待摊费用	400 000	利润分配（未分配利润）	445 000
递延所得税资产	900		
合计	16 749 674	合计	16 749 674

3. 甲股份有限公司2023年1月1日和2023年12月31日的资产负债表

资产负债表

会企01表

编制单位：甲股份有限公司　　2023年12月31日　　单位：元

资产	期末余额	上年年末余额	负债和所有者权益	期末余额	上年年末余额
流动资产：			流动负债：		
货币资金	1 695 374	2 812 600	短期借款	100 000	600 000
交易性金融资产		30 000	交易性金融负债		
衍生金融资产			衍生金融负债		
应收票据	92 000	492 000	应付票据	200 000	400 000
应收账款	1 172 400	598 200	应付账款	1 907 600	1 907 600
预付款项	200 000	200 000	预收款项		
其他应收款	10 000	10 000	合同负债		
存货	5 149 400	5 160 000	应付职工薪酬	360 000	220 000
合同资产			应交税费	322 672	73 650
持有待售资产			其他应付款	484 431.70	102 000
一年内到期的非流动资产			持有待售负债		
其他流动资产			一年内到期的非流动负债		2 000 000
流动资产合计	8 319 174	9 302 800	其他流动负债		
非流动资产：			流动负债合计	3 374 703.70	5 303 250
债权投资			非流动负债：		
其他债权投资			长期借款	2 000 000	1 200 000
长期应收款			应付债券		
长期股权投资	500 000	500 000	其中：优先股		
其他权益工具投资			永续债		
其他非流动金融资产			租赁负债		
投资性房地产			长期应付款		
固定资产	4 230 000	2 200 000	预计负债		
在建工程	1 456 000	3 000 000	递延收益		
生产性生物资产			递延所得税负债		
油气资产			其他非流动负债		
使用权资产			非流动负债合计	2 000 000	1 200 000
无形资产	1 080 000	1 200 000	负债合计	5 374 703.70	6 503 250
开发支出			所有者权益：		
商誉			实收资本（或股本）	10 000 000	10 000 000
长期待摊费用	400 000	400 000	其他权益工具		
递延所得税资产	900	450	其中：优先股		
其他非流动资产			永续债		
非流动资产合计	7 666 900	7 300 450	资本公积	30 000	30 000
			减：库存股		
			其他综合收益		

续表

资产	期末余额	上年年末余额	负债和所有者权益	期末余额	上年年末余额
			盈余公积	136 370.30	50 000
			未分配利润	445 000	20 000
			所有者权益合计	10 611 370.30	10 100 000
资产总计	15 986 074	16 603 250	负债和所有者权益总计	15 986 074	16 603 250

4. 甲股份有限公司2023年度的利润表

利润表

会企02表

编制单位：甲股份有限公司　　2023年度　　单位：元

项　　目	本期金额	上期金额
一、营业收入	2 500 000	（略，下同）
减：营业成本	1 500 000	
税金及附加	4 000	
销售费用	40 000	
管理费用	214 200	
研发费用		
财务费用	83 000	
其中：利息费用	83 000	
利息收入		
加：其他收益		
投资收益（损失以“－”号填列）	63 000	
其中：对联营企业和合营企业的投资收益		
以摊余成本计量的金融资产终止确认收益（损失以“－”号填列）		
净敞口套期收益（损失以“－”号填列）		
公允价值变动收益（损失以“－”号填列）		
信用减值损失（损失以“－”号填列）	－1 800	
资产减值损失（损失以“－”号填列）		
资产处置收益（损失以“－”号填列）	100 000	
二、营业利润（亏损以“－”号填列）	820 000	
加：营业外收入	0	
减：营业外支出	39 400	
三、利润总额（亏损总额以“－”号填列）	780 600	
减：所得税费用	204 798	
四、净利润（净亏损以“－”号填列）	575 802	
（一）持续经营净利润（净亏损以“－”号填列）	575 802	
（二）终止经营净利润（净亏损以“－”号填列）		

续表

项　　目	本期金额	上期金额
五、其他综合收益的税后净额		
（一）不能重分类进损益的其他综合收益		
1. 重新计量设定受益计划变动额		
2. 权益法下不能转损益的其他综合收益		
3. 其他权益工具投资公允价值变动		
4. 企业自身信用风险公允价值变动		
……		
（二）将重分类进损益的其他综合收益		
1. 权益法下可转损益的其他综合收益		
2. 其他债权投资公允价值变动		
3. 金融资产重分类计入其他综合收益的金额		
4. 其他债权投资信用减值准备		
5. 现金流量套期储备		
6. 外币财务报表折算差额		
……		
六、综合收益总额	575 802	
七、每股收益		
（一）基本每股收益	0.058	
（二）稀释每股收益		

5. 编制甲股份有限公司2023年度现金流量表的工作底稿

采用工作底稿法编制程序，具体步骤如下：

第一步，将资产负债表的上年年末余额和期末余额过入工作底稿的上年年末余额和期末余额栏。

第二步，对当期业务进行分析并编制调整分录。编制调整分录时，要以利润表项目为基础，从“营业收入”开始，结合资产负债表项目逐一进行分析。调整分录如下：

（1）分析调整营业收入：

借：经营活动现金流量——销售商品收到的现金　　2 402 000
　　应收账款——货款　　498 000
　　　　　——增值税　　78 000
　贷：营业收入　　2 500 000
　　　应收票据——货款　　400 000
　　　应交税费　　78 000

利润表中的营业收入是按权责发生制反映的，应转换为现金收付制。为此，应调整涉及的增减变动。应收票据减少400 000元，系收回货款；应收账款增加576 000元，其中“应收账款——货款”增加498 000元应减少本期销售商品收到的现金，“应收账款——增值税”增加78 000元应与应交税费相对应。

（2）分析调整营业成本：

借：营业成本　　1 500 000

　　应付票据——货款　　200 000

　　贷：经营活动现金流量——购买商品支付的现金　　1 689 400

　　　　存货　　10 600

应付票据减少 200 000 元，表明本期用于购买存货的现金支出增加 200 000 元；存货减少 10 600 元，表明本期消耗的存货中有 10 600 元是原先库存的，使得本期购买商品支付的现金减少 10 600 元。

（3）调整本年税金及附加：

借：税金及附加　　4 000

　　贷：经营活动现金流量——支付的各项税费　　4 000

（4）计算销售费用付现：

借：销售费用　　40 000

　　贷：经营活动现金流量——支付的其他与经营活动有关的现金　　40 000

本题中利润表所列销售费用与按现金制确认数相同。

（5）调整管理费用：

借：管理费用　　214 200

　　贷：经营活动现金流量——支付的其他与经营活动有关的现金　　214 200

管理费用中包含着不涉及现金支出的项目。此笔分录先将管理费用全额转入“经营活动现金流量——支出的其他与经营活动有关的现金”科目，至于不涉及现金支出的项目，再分别进行调整。

（6）分析调整财务费用：

借：财务费用　　83 000

　　贷：经营活动现金流量——销售商品收到的现金　　40 000

　　　　其他应付款　　43 000

本期增加的财务费用中，有 40 000 元是票据贴现利息，由于在调整应收票据时已全额计入“经营活动现金流量——销售商品收到的现金”，所以要从“经营活动现金流量——销售商品收到的现金”项目内冲回，不能作为现金流出。其他应付款43 000元系利息费用。

（7）分析调整坏账准备：

借：信用减值损失　　1 800

　　贷：应收账款　　1 800

计提坏账准备时列入信用减值损失，同时减少了资产负债表中的应收账款但并不影响现金流量。

（8）分析调整投资收益：

借：投资活动现金流量——分得股利或利润收到的现金　　60 000

　　　　　　　　　　——收回投资所收到的现金　　33 000

　　贷：投资收益　　63 000

　　　　交易性金融资产　　30 000

投资收益应从利润表项目中调整出来，列入投资活动现金流量中。本题投资收益由两部分组成，即分得现金股利60 000元和出售以公允价值计量且其变动计入当期损益的金融资产获利3 000元。

（9）分析调整资产处置收益：

借：投资活动现金流量——处置固定资产收到的现金　　600 000
　　贷：资产处置收益　　100 000
　　　　固定资产　　500 000

编制现金流量表时，需对资产处置收益进行分析，以列入现金流量表的不同部分。本题中资产处置收益100 000元是处置固定资产的收益，处置过程中收到的现金应列入投资活动现金流量中。

（10）分析调整营业外支出：

借：营业外支出　　39 400
　　投资活动现金流量——处置固定资产收到的现金　　600
　　贷：固定资产　　40 000

本题中营业外支出39 400元是处置固定资产的损失，处置过程中收到的现金应列入投资活动现金流量中。

（11）分析调整所得税：

借：所得税费用　　204 798
　　递延所得税资产　　450
　　贷：应交税费　　205 248

将利润表中的所得税费用调入应交税费。

（12）分析调整固定资产：

借：固定资产　　2 970 000
　　应交税费　　22 100
　　贷：投资活动现金流量——购建固定资产支付的现金　　192 100
　　　　在建工程　　2 800 000

本期固定资产的增加包括两部分：一是购入设备价款170 000元和支付增值税进项税额22 100元；二是在建工程完工转入2 800 000元。

（13）分析调整累计折旧：

借：经营活动现金流量——支付的其他与经营活动有关的现金　　60 000
　　　　　　　　　　——购买商品支付的现金　　340 000
　　贷：固定资产　　400 000

本期计提的折旧400 000元中，计入管理费用的60 000元，计入制造费用的340 000元。由于管理费用已在第（5）笔分录中全额调整到“经营活动现金流量——支付的其他与经营活动有关的现金”中，因此需要补充调整；而制造费用通过分配到产品成本中，也已经计入到存货成本，由于存货的变动已在第（2）笔分录中全部调整到“经营活动现金流量——购买商品支付的现金”中，所以这里要补充调整。

（14）分析调整在建工程：

借：在建工程　　1 256 000
　　贷：投资活动现金流量——购建固定资产支付的现金　　700 000

其他应付款 300 000

应付职工薪酬 56 000

应交税费 200 000

本期在建工程增加的原因，包括以现金购入工程物资 300 000 元和支付工资 400 000 元、长期借款利息资本化 300 000 元、应付福利费 56 000 元、相关税费200 000元均资本化到在建工程成本中。

（15）分析调整无形资产：

借：经营活动现金流量——支付的其他与经营活动有关的现金 120 000

贷：无形资产 120 000

无形资产摊销时已计入管理费用，所以应作补充调整。

（16）分析调整短期借款：

借：短期借款 500 000

贷：筹资活动现金流量——偿还债务支付的现金 500 000

偿还短期借款应列入筹资活动的现金流量。

（17）分析调整应付职工薪酬中的工资：

借：应付职工薪酬 600 000

贷：经营活动现金流量——支付给职工以及为职工支付的现金 600 000

借：经营活动现金流量——购买商品支付的现金 570 000

——支付的其他与经营活动有关的现金 30 000

贷：应付职工薪酬 600 000

本期应付职工薪酬中应付工资的期末期初差额虽然为零，但并不意味着本期支付给职工的工资为零。上述分录中，由于工资费用分配时已分别计入制造费用和管理费用，所以要补充调整。

（18）分析调整应付职工薪酬中的职工福利费：

借：经营活动现金流量——购买商品支付的现金 79 800

——支付的其他与经营活动有关的现金 4 200

贷：应付职工薪酬 84 000

理由同（17）。本题中尚未实际支付职工福利费的情况。若本期实际支付了职工福利费，则应将这部分金额列入“经营活动现金流量——支付给职工以及为职工支付的现金”中。

（19）分析调整应交税费：

借：应交税费 459 126

贷：经营活动现金流量——实际交纳的增值税款 200 000

——支付的所得税款 194 178

——购买商品支付的现金 64 948

借：经营活动现金流量——销售商品收到的现金 247 000

贷：应交税费 247 000

这里的第一笔调整分录，是调整实际以现金交纳的增值税款、所得税款以及购货时支付的增值税进项税额；第二笔分录是调整收到的增值税销项税额。为便于分析，企业在日常核算中，应按应交税费的税种分设明细账，以便取得分析所需的数据。

（20）分析调整应付利息费用：

借：其他应付款　25 000

　　贷：筹资活动现金流量——偿付利息支付的现金　25 000

以现金支付利息。

（21）分析调整长期借款：

借：长期借款　2 000 000

　　贷：筹资活动现金流量——偿还债务支付的现金　2 000 000

以现金偿还长期借款。

借：筹资活动现金流量——借款收到的现金　800 000

　　贷：长期借款　800 000

举借长期借款。

（22）结转净利润：

借：净利润　575 802

　　贷：未分配利润　575 802

（23）提取盈余公积和宣告分派现金股利：

借：未分配利润　150 802

　　贷：盈余公积　86 370.30

　　　　其他应付款　64 431.70

（24）最后调整现金净变化额：

借：现金净减少额　1 117 226

　　贷：货币资金　1 117 226

第三步，将调整分录过入工作底稿的相应部分，如下表所示。

编制现金流量表的工作底稿　　单位：元

项目	上年年末余额	调整分录		期末余额
		借方	贷方	
一、资产负债表项目				
货币资金	2 812 600		（24）1 117 226	1 695 374
交易性金融资产	30 000		（8）30 000	
衍生金融资产				
应收票据	492 000		（1）400 000	92 000
应收账款	598 200	（1）576 000	（7）1 800	1 172 400
预付款项	200 000			200 000
其他应收款	10 000			10 000
存货	5 160 000		（2）10 600	5 149 400
合同资产				
持有待售资产				

续表

项目	上年年末余额	调整分录		期末余额
		借方	贷方	
一年内到期的非流动资产				
其他流动资产				
债权投资				
其他债权投资				
长期应收款				
长期股权投资	500 000			500 000
其他权益工具投资				
其他非流动金融资产				
投资性房地产				
固定资产	2 200 000	（12）2 970 000	（9）500 000 （10）40 000 （13）400 000	4 230 000
在建工程	3 000 000	（14）1 256 000	（12）2 800 000	1 456 000
生产性生物资产				
油气资产				
使用权资产				
无形资产	1 200 000		（15）120 000	1 080 000
开发支出				
商誉				
长期待摊费用	400 000			400 000
递延所得税资产	450	（11）450		900
其他非流动资产				
资产总计	16 603 250			15 986 074
短期借款	600 000	（16）500 000		100 000
交易性金融负债				
衍生金融负债				
应付票据	400 000	（2）200 000		200 000
应付账款	1 907 600			1 907 600
预收款项				
合同负债				
应付职工薪酬	220 000	（17）600 000	（14）56 000 （17）600 000 （18）84 000	360 000

续表

项目	上年年末余额	调整分录		期末余额
		借方	贷方	
应交税费	73 650	（12）22 100 （19）459 126	（1）78 000 （11）205 248 （14）200 000 （19）247 000	322 672
其他应付款	102 000	（20）25 000	（6）43 000 （14）300 000 （23）64 431.70	484 431.70
持有待售负债				
一年内到期的非流动负债				
其他流动负债				
长期借款	3 200 000	（21）2 000 000	（21）800 000	2 000 000
应付债券				
租赁负债				
长期应付款				
预计负债				
递延收益				
递延所得税负债				
其他非流动负债				
实收资本（或股本）	10 000 000			10 000 000
其他权益工具	0			0
资本公职	30 000			30 000
其他综合收益	0			0
盈余公职	50 000		（23）86 370.30	136 370.30
未分配利润	20 000	（23）150 802	（22）575 802	445 000
负债和股东权益合计	16 603 250			15 986 074
二、利润表项目				
营业收入			（1）2 500 000	2 500 000
营业成本		（2）1 500 000		1 500 000
税金及附加		（3）4 000		4 000
销售费用		（4）40 000		40 000
管理费用		（5）214 200		214 200
研发费用				
财务费用		（6）83 000		83 000
其他收益				
投资收益			（8）63 000	63 000

续表

项目	上年年末余额	调整分录		期末余额
		借方	贷方	
净敞口套期收益				
公允价值变动收益				
信用减值损失		（7）1 800		1 800
资产减值损失				
资产处置收益			（9）100 000	100 000
营业外收入				
营业外支出		（10）39 400		39 400
所得税费用		（11）204 798		204 798
净利润		（22）575 802		575 802
三、现金流量表项目				
（一）经营活动产生的现金流量				
销售商品、提供劳务收到的现金		（1）2 402 000 （19）247 000	（6）40 000	2 609 000
收到的税费返还				
收到其他与经营活动有关的现金				
现金流入小计				2 609 000
购买商品、接受劳务支付的现金		（13）340 000 （17）570 000 （18）79 800	（2）1 689 400 （19）64 948	764 548
支付给职工以及为职工支付的现金			（17）600 000	600 000
支付的各项税费			（3）4 000 （19）394 178	398 178
支付其他与经营活动有关的现金		（13）60 000 （15）120 000 （17）30 000 （18）4 200	（4）40 000 （5）214 200	40 000
现金流出小计				1 802 726
经营活动产生的现金流量净额				806 274
（二）投资活动产生的现金流量				
收回投资收到的现金		（8）33 000		33 000
取得投资收益所收到的现金		（8）60 000		60 000
处置固定资产、无形资产和其他长期投资所收到的现金净额		（9）600 000 （10）600		600 600
处置子公司及其他营业单位收到的现金净额				
收到其他与投资活动有关的现金				
现金流入小计				693 600

续表

项目	上年年末余额	调整分录		期末余额
		借方	贷方	
购建固定资产、无形资产和其他长期资产支付的现金			（12）192 100 （14）700 000	892 100
投资支付的现金				
取得子公司及其他营业单位支付的现金净额				
支付其他与投资活动有关的现金				
现金流出小计				892 100
投资活动产生的现金流量净额				-198 500
（三）筹资活动产生的现金流量				
吸收投资收到的现金				
取得借款收到的现金		（21）800 000		800 000
收到其他与筹资活动有关的现金				
现金流入小计				800 000
偿还债务所支付的现金			（16）500 000 （21）2 000 000	2 500 000
分配股利、利润或偿还利息支付的现金			（20）25 000	25 000
支付其他与筹资活动有关的现金				
现金流出小计				2 525 000
筹资活动产生的现金流量净额				-1 725 000
（四）现金及现金等价物净增加额		（24）1 117 226		-1 117 226
调整分录借贷合计		17 886 304	17 886 304	

第四步，核对调整分录，借方、贷方合计数均已经相等，资产负债表项目上年年末余额加减调整分录中的借贷金额以后，也已等于期末余额。

6. 编制甲股份有限公司2023年度现金流量表

现金流量表

会企03表

编制单位：甲股份有限公司　　2023年度　　单位：元

项　　目	本期金额	上期金额
一、经营活动产生的现金流量：		（略，下同）
销售商品、提供劳务收到的现金	2 609 000	
收到的税费返还		
收到其他与经营活动有关的现金		
经营活动现金流入小计	2 609 000	
购买商品、接受劳务支付的现金	764 548	

续表

项　目	本期金额	上期金额
支付给职工以及为职工支付的现金	600 000	
支付的各项税费	398 178	
支付其他与经营活动有关的现金	40 000	
经营活动现金流出小计	1 802 726	
经营活动产生的现金流量净额	806 274	
二、投资活动产生的现金流量：		
收回投资收到的现金	33 000	
取得投资收益收到的现金	60 000	
处置固定资产、无形资产和其他长期资产收回的现金净额	600 600	
处置子公司及其他营业单位收到的现金净额		
收到其他与投资活动有关的现金		
投资活动现金流入小计	693 600	
购建固定资产、无形资产和其他长期资产支付的现金	892 100	
投资支付的现金		
取得子公司及其他营业单位支付的现金净额		
支付其他与投资活动有关的现金		
投资活动现金流出小计	892 100	
投资活动产生的现金流量净额	-198 500	
三、筹资活动产生的现金流量：		
吸收投资收到的现金		
取得借款收到的现金	800 000	
收到其他与筹资活动有关的现金		
筹资活动现金流入小计	800 000	
偿还债务支付的现金	2 500 000	
分配股利、利润或偿付利息支付的现金	25 000	
支付其他与筹资活动有关的现金		
筹资活动现金流出小计	2 525 000	
筹资活动产生的现金流量净额	-1 725 000	
四、汇率变动对现金及现金等价物的影响	0	
五、现金及现金等价物净增加额	-1 117 226	
加：期初现金及现金等价物余额	2 812 600	
六、期末现金及现金等价物余额	1 695 374	

7. 编制甲股份有限公司2023年度现金流量表补充资料附表

现金流量表补充资料附表

单位：元

项目	本期金额	上期金额
1. 将净利润调节为经营活动现金流量：		
净利润	575 802	（略，下同）
加：资产减值准备		
信用损失准备	1 800	
固定资产折旧、油气资产折耗、生产性生物资产折旧、使用权资产折旧	400 000	
无形资产摊销	120 000	
长期待摊费用摊销		
处置固定资产、无形资产和其他长期资产的损失（收益以“－”号填列）	－100 000	
固定资产报废损失（收益以“－”号填列）	39 400	
公允价值变动损失（收益以“－”号填列）		
财务费用（收益以“－”号填列）	43 000	
投资损失（收益以“－”号填列）	－63 000	
递延所得税资产减少（增加以“－”号填列）	－450	
递延所得税负债增加（减少以“－”号填列）		
存货的减少（增加以“－”号填列）	10 600	
经营性应收项目的减少（增加以“－”号填列）	－176 000	
经营性应付项目的增加（减少以“－”号填列）	－44 878	
其他		
经营活动产生的现金流量净额	806 274	
2. 不涉及现金收支的重大投资和筹资活动：		
债务转为资本		
一年内到期的可转换公司债券		
3. 现金及现金等价物净变动情况：		
现金的期末余额	1 695 374	
减：现金的期初余额	2 812 600	
加：现金等价物的期末余额	0	
减：现金等价物的期初余额	0	
现金及现金等价物净增加额	－1 117 226	

8. 编制甲股份有限公司2023年度所有者权益变动表

所有者权益变动表

会企04表

编制单位：甲股份有限公司 2023年度 单位：元

项目	本年金额								上年金额（略）							
	股本	其他权益工具	资本公积	减：库存股	其他综合收益	盈余公积	未分配利润	股东权益合计	股本	其他权益工具	资本公积	减：库存股	其他综合收益	盈余公积	未分配利润	股东权益合计
一、上年年末余额	10 000 000		30 000			50 000	20 000	10 100 000								
加：会计政策变更																
前期差错更正																
二、本年年初余额	10 000 000		30 000			50 000	20 000	10 100 000								
三、本年增减变动金额（减少以“-”号填列）						86 370.30	425 000	511 370.30								
（一）综合收益总额							575 802	575 802								
（二）所有者投入和减少资本																
1. 所有者投入资本（或普通股）																
2. 其他权益工具持有者投入资本																
3. 股份支付计入所有者权益的金额																
4. 其他																
（三）利润分配						86 370.30	-150 802	-64 431.70								
1. 提取盈余公积						86 370.30	-86 370.30	0								
2. 对所有者的分配							-64 431.70	-64 431.70								
3. 其他																
（四）所有者权益内部结转																
1. 资本公积转增资本																
2. 盈余公积转增资本																
3. 盈余公积弥补亏损																
4. 设定受益计划变动额结转留存收益																
5. 其他综合收益结转留存收益																
6. 其他																
四、本年年末余额	10 000 000		30 000			136 370.30	445 000	10 611 370.30								

模拟试卷（一）

一、单项选择题

1	2	3	4	5	6	7	8	9	10
A	B	D	D	A	A	A	C	C	B

二、多项选择题

1	2	3	4	5	6	7	8	9	10
BC	ABCD	ACD	AC	BC	BCD	ABD	CD	ABCD	BC

三、判断题

1	2	3	4	5	6	7	8	9	10
×	×	√	×	√	√	√	×	√	×

四、计算及账务处理题

1.

（1）2022 年 10 月 20 日发现现金盘盈的会计分录：

借：库存现金　　100

　　贷：待处理财产损溢　　100

（2）2022 年 10 月 22 日对盘盈现金核查结果的会计分录：

借：待处理财产损溢　　100

　　贷：其他应付款　　100

（3）2022 年 10 月 25 日发现现金短缺的会计分录：

借：待处理财产损溢　　300

　　贷：库存现金　　300

（4）2022 年 10 月 27 日对现金短缺核查结果的会计分录：

借：库存现金　　200

　　管理费用　　100

　　贷：待处理财产损溢　　300

2.

（1）2022 年 1 月 1 日确认销售收入时的会计分录：

借：应收账款	1 130 000	
贷：主营业务收入		1 000 000
应交税费——应交增值税（销项税额）		130 000

（2）2022 年 1 月 1 日结转销售商品成本时的会计分录：

借：主营业务成本	800 000	
贷：库存商品		800 000

（3）2022 年 2 月 6 日收款时的会计分录：

借：银行存款	1 130 000	
贷：应收账款		1 130 000

3.

（1）2022 年 3 月 2 日取得投资时的会计分录：

借：交易性金融资产——成本	4 000 000	
应收股利	100 000	
投资收益	50 000	
贷：银行存款		4 150 000

（2）2022 年 3 月 20 日收到现金股利时的会计分录：

借：银行存款	100 000	
贷：应收股利		100 000

（3）2022 年 6 月 30 日期末计量时的会计分录：

借：公允价值变动损益	200 000	
贷：交易性金融资产——公允价值变动		200 000

（4）2022 年 8 月 10 日出售乙公司股票时的会计分录：

借：银行存款	4 940 000	
交易性金融资产——公允价值变动	200 000	
贷：交易性金融资产——成本		4 000 000
投资收益		1 140 000

4.

（1）2022 年 12 月 5 日购入材料时的会计分录：

借：材料采购	204 000	
应交税费——应交增值税（进项税额）	26 000	
贷：应付票据		230 000
借：原材料	200 000	
材料成本差异	4 000	
贷：材料采购		204 000

（2）2022 年 12 月 20 日购入材料时的会计分录：

借：材料采购	99 000	
应交税费——应交增值税（进项税额）	12 870	

贷：银行存款 111 870

借：原材料 100 000

贷：材料采购 99 000

材料成本差异 1 000

（3）2022 年 12 月领用材料时的会计分录：

借：生产成本 150 000

制造费用 50 000

在建工程 120 000

贷：原材料 320 000

（4）2022 年 12 月末，计算材料成本差异率：

材料成本差异率 $=(-2\% \times 1\,000 \times 100 + 4\,000 - 1\,000) \div (100\,000 + 200\,000 + 100\,000) = 0.25\%$

（5）2022 年 12 月结转材料成本差异时的会计分录：

借：生产成本 375

制造费用 125

在建工程 300

贷：材料成本差异 800

模拟试卷（二）

一、单项选择题

1	2	3	4	5	6	7	8	9	10
D	C	C	A	C	B	D	D	A	D

二、多项选择题

1	2	3	4	5	6	7	8	9	10
BCD	ACD	ABD	AD	AB	BD	ABCD	ABCD	AD	ABCD

三、判断题

1	2	3	4	5	6	7	8	9	10
×	×	√	×	×	×	×	√	×	×

四、计算及账务处理题

1.

（1）

甲公司履约过程中所产出的设计具有不可替代用途，且该企业在整个合同期间内有权就累计至今已完成的履约部分收取款项，应采用投入法按履约进度确认收入。

（2）2022 年 12 月 31 日确认劳务收入时的会计分录：

借：合同负债　　9 000 000

　　应收账款　　9 000 000

　　贷：主营业务收入　　18 000 000

（3）2022 年 12 月 31 日结转劳务成本时的会计分录：

借：主营业务成本　　11 700 000

　　贷：合同履约成本　　11 700 000

2.

（1）2022 年 1 月 1 日发行债券时的会计分录：

借：银行存款　　9 675 000

　　应付债券——利息调整　　325 000

贷：应付债券——面值　　10 000 000

（2）2022 年 12 月 31 日计提利息费用时的会计分录：

借：财务费用　　483 750

贷：应付债券——应计利息　　400 000

——利息调整　　83 750

（3）2023 年 12 月 31 日计提利息费用时的会计分录：

借：财务费用　　507 937.50

贷：应付债券——应计利息　　400 000

——利息调整　　107 937.50

（4）2024 年 12 月 31 日计提利息费用时的会计分录：

借：财务费用　　533 312.50

贷：应付债券——应计利息　　400 000

——利息调整　　133 312.50

（5）2024 年 12 月 31 日还本付息时的会计分录：

借：应付债券——面值　　10 000 000

——应计利息　　1 200 000

贷：银行存款　　11 200 000

3.

（1）2022 年 12 月 5 日取得交易性金融资产时的会计分录：

借：交易性金融资产——成本　　4 000 000

投资收益　　1 000

贷：银行存款　　4 001 000

（2）2022 年 12 月 31 日对该股票投资进行期末计量时的会计分录：

借：交易性金融资产——公允价值变动　　200 000

贷：公允价值变动损益　　200 000

（3）2022 年 12 月 31 日确认递延所得税负债的会计分录：

借：所得税费用——递延所得税费用　　50 000

贷：递延所得税负债　　50 000

4.

（1）计算本月材料成本差异率：

本月购入材料成本差异 =（200 000 + 3 000）- 190 000 = 13 000（元）

材料成本差异率 =（-1 600 + 13 000）÷（500 000 + 190 000）× 100% = 1.65%

（2）计算发出材料实际成本和结存材料实际成本：

发出材料实际成本 = 600 000 ×（1 + 1.65%）= 609 900（元）

结存材料实际成本 =（500 000 + 190 000 - 1 600 + 13 000）- 609 900 = 91 500（元）

（3）编制海伦公司采购材料时的会计分录：

借：材料采购　　203 000

应交税费——应交增值税（进项税额）　　26 000

贷：银行存款　　229 000

借：原材料 190 000

材料成本差异 13 000

贷：材料采购 203 000

（4）编制海伦公司生产车间生产产品领用材料时的会计分录：

借：生产成本 600 000

贷：原材料 600 000

（5）编制海伦公司月末结转耗用材料成本差异时的会计分录：

借：生产成本 9 900

贷：材料成本差异 9 900

模拟试卷（三）

一、单项选择题

1	2	3	4	5	6	7	8	9	10
B	C	D	D	A	B	C	C	C	B

二、多项选择题

1	2	3	4	5	6	7	8	9	10
ABC	BC	ABD	CD	BCD	ACD	ACD	ABC	BD	AC

三、判断题

1	2	3	4	5	6	7	8	9	10
×	×	√	√	×	×	×	×	×	×

四、计算及账务处理题

1.

（1）2022 年 11 月 5 日发出委托加工材料时的会计分录：

借：委托加工物资　　5 820 000

　　贷：原材料　　6 000 000

　　　　材料成本差异　　[180 000]

或：

借：委托加工物资　　5 820 000

　　材料成本差异　　180 000

　　贷：原材料　　6 000 000

（2）2022 年 12 月 26 日支付加工费和相关税金时的会计分录：

借：委托加工物资　　252 000

　　应交税费——应交消费税　　528 000

　　　　　　——应交增值税（进项税额）　　15 600

　　贷：银行存款　　795 600

（3）2022 年 12 月 26 日收回委托加工物资时的会计分录：

借：库存商品　6 072 000
　贷：委托加工物资　6 072 000

2.

（1）2022 年 7 月 13 日投资时的会计分录：

借：其他权益工具投资——成本　15 030 000
　贷：银行存款　15 030 000

（2）2022 年 12 月 31 日对该股票投资期末计量时的会计分录：

借：其他权益工具投资——公允价值变动　970 000
　贷：其他综合收益　970 000

（3）2023 年 2 月 1 日将该股票投资出售时的会计分录：

借：银行存款　12 987 000
　其他综合收益　970 000
　利润分配——未分配利润　2 043 000
　贷：其他权益工具投资——成本　15 030 000
　　　　——公允价值变动　970 000

3.

（1）2022 年 12 月 10 日决定为员工发放小电器时的会计分录：

借：生产成本　791 000
　制造费用　113 000
　管理费用　226 000
　贷：应付职工薪酬　1 130 000

（2）2022 年 12 月 25 日实际为员工发放小电器时的会计分录：

借：应付职工薪酬　1 130 000
　贷：主营业务收入　1 000 000
　　应交税费——应交增值税（销项税额）　130 000

（3）2022 年 12 月 25 日结转 1 000 台小电器成本时的会计分录：

借：主营业务成本　900 000
　贷：库存商品　900 000

4.

（1）2022 年计提盈余公积时的会计分录：

借：利润分配——提取法定盈余公积　7 600 000
　　——提取任意盈余公积　3 800 000
　贷：盈余公积——法定盈余公积　7 600 000
　　　——任意盈余公积　3 800 000

（2）2022 年宣告分派现金股利时的会计分录：

借：利润分配——应付现金股利　2 700 000
　贷：应付股利　2 700 000

（3）2023 年 1 月 25 日实际发放现金股利时的会计分录：

借：应付股利　2 700 000

贷：银行存款 2 700 000

（4）2023 年 3 月 10 日转增股本时的会计分录：

借：资本公积 9 500 000

盈余公积 4 500 000

贷：股本 14 000 000

模拟试卷（四）

一、单项选择题

1	2	3	4	5	6	7	8	9	10
B	A	D	B	D	B	D	A	B	A

二、多项选择题

1	2	3	4	5	6	7	8	9	10
ACD	ACD	ABCD	BCD	ABCD	ABC	CD	ABD	AB	ABCD

三、判断题

1	2	3	4	5	6	7	8	9	10
×	×	×	×	×	√	×	×	√	×

四、计算及账务处理题

1.

（1）2022 年 9 月 1 日上交上月未交增值税时的会计分录：

借：应交税费——未交增值税　　15 000

　　贷：银行存款　　15 000

（2）2022 年 9 月 5 日购进不需安装的生产用设备时的会计分录：

借：固定资产　　200 000

　　应交税费——应交增值税（进项税额）　　26 000

　　贷：银行存款　　226 000

（3）2022 年 9 月 12 日销售产品时的会计分录：

借：应收账款　　135 600

　　贷：主营业务收入　　120 000

　　　　应交税费——应交增值税（销项税额）　　15 600

（4）2022 年 9 月 30 日购进原材料时的会计分录：

借：原材料　　90 000

　　应交税费——应交增值税（进项税额）　　11 700

贷：应付票据 101 700

2.

（1）2022 年 1 月 1 日取得债券投资时的会计分录：

借：债权投资——成本 10 000 000

应收利息 400 000

贷：银行存款 10 127 700

债权投资——利息调整 272 300

（2）2022 年 1 月 5 日收到利息时的会计分录：

借：银行存款 400 000

贷：应收利息 400 000

（3）2022 年 12 月 31 日确认投资收益时的会计分录：

借：应收利息 400 000

债权投资——利息调整 86 385

贷：投资收益 486 385

3.

（1）2022 年 1 月 30 日采购 A 材料的实际采购成本和材料成本差异：

A 材料的实际采购成本 = 300 000 + 1 840 = 301 840（元）

A 材料的材料成本差异 = 301 840 − 305 × 980 = 2 940（元）

（2）2022 年 1 月 30 日采购 A 材料时的会计分录：

借：材料采购 301 840

应交税费——应交增值税（进项税额） 39 000

贷：银行存款 340 840

（3）2022 年 2 月 10 日 A 材料入库时的会计分录：

借：原材料 298 900

材料成本差异 2 940

贷：材料采购 301 840

（4）2022 年 6 月 30 日计提存货跌价准备时的会计分录：

借：资产减值损失 6 840

贷：存货跌价准备 6 840

（5）2022 年 12 月 31 日转销存货跌价准备时的会计分录：

借：存货跌价准备 4 000

贷：资产减值损失 4 000

4.

（1）2022 年 1 月 1 日取得投资时的会计分录：

借：长期股权投资——投资成本 10 350 000

贷：银行存款 10 350 000

（2）计算甲公司 2022 年应确认的投资收益并编制相关会计分录：

乙公司按固定资产和无形资产的公允价值计算的净利润 = 200 −（300 − 200）÷ 10 −（100 − 50）÷ 5 = 180（万元）。

甲公司应确认的投资收益 =180×30% =54（万元）

借：长期股权投资——损益调整　　540 000

　　贷：投资收益　　540 000

（3）2023 年因乙公司其他综合收益增加 100 万元时甲公司的会计分录：

借：长期股权投资——其他综合收益　　300 000

　　贷：其他综合收益　　300 000

（4）计算甲公司 2023 年应确认的投资收益并编制相关会计分录：

乙公司按固定资产和无形资产的公允价值计算的净亏损 =4 000 +（300 -200）÷10 +（100 -50）÷5 =4 020（万元）。

在确认投资损失前，甲公司对乙公司长期股权投资的账面余额 =1 035 +54 +30 =1 119（万元）。

当被投资单位发生亏损时，投资企业应以投资账面价值减记至零为限，因此应调整的“损益调整”的数额为 1 119 万元，而不是 1 206（4 020×30%）万元。

应确认的投资收益金额 = -1 119（万元）

借：投资收益　　11 190 000

　　贷：长期股权投资——损益调整　　11 190 000

备查簿中应登记未减记的长期股权投资 87（1 206 -1 119）万元。

（5）计算甲公司 2024 年应确认的投资收益并编制相关会计分录：

乙公司按固定资产和无形资产的公允价值计算的净利润 =520 -（300 -200）÷10 -（100 -50）÷5 =500（万元）

应确认的投资收益金额 =500×30% -87 =63（万元）

借：长期股权投资——损益调整　　630 000

　　贷：投资收益　　630 000

主要参考文献

1. 财政部:《企业会计准则（2006）》，经济科学出版社 2006 年版。

2. 财政部:《企业会计准则解释》（第 1～15 号），http：//www. casc. gov. cn/。

3. 财政部:《企业会计准则——应用指南（2006）》，中国财政经济出版社 2006 年版。

4. 财政部:《一般企业财务报表格式（适用于已执行新金融准则、新收入准则和新租赁准则的企业）》，http：//www. casc. gov. cn/。

5. 财政部:《增值税会计处理规定》，http：//www. casc. gov. cn/。

6. 财政部会计司:《企业会计准则第 2 号——长期股权投资》，经济科学出版社 2014 年版。

7. 财政部会计司:《企业会计准则第 30 号——财务报表列报》，中国财政经济出版社 2014 年版。

8. 财政部会计司:《企业会计准则第 33 号——合并财务报表》，中国财政经济出版社 2014 年版。

9. 财政部会计司:《企业会计准则第 39 号——公允价值计量》，中国财政经济出版社 2014 年版。

10. 财政部会计司：《企业会计准则第 40 号——合营安排》，经济科学出版社 2014 年版。

11. 财政部会计司:《企业会计准则第 41 号——在其他主体中权益的披露》，中国财政经济出版社 2014 年版。

12. 财政部会计司:《企业会计准则第 9 号——职工薪酬》，中国财政经济出版社 2014 年版。

13. 财政部会计司编写组:《企业会计准则第 12 号——债务重组》应用指南，中国财政经济出版社 2020 年版。

14. 财政部会计司编写组:《企业会计准则第 14 号——收入》应用指南，中国财政经济出版社 2018 年版。

15. 财政部会计司编写组:《企业会计准则第 16 号——政府补助》应用指南，中国财政经济出版社 2018 年版。

16. 财政部会计司编写组:《企业会计准则第 21 号——租赁》应用指南，中国财政经济出版社 2019 年版。

17. 财政部会计司编写组:《企业会计准则第 22 号——金融工具确认和计量》应用指南，中国财政经济出版社 2018 年版。

18. 财政部会计司编写组:《企业会计准则第 23 号——金融资产转移》应用指南，中国财政经济出版社 2018 年版。

19. 财政部会计司编写组：《企业会计准则第 24 号——套期会计》应用指南，经济科学出版社 2018 年版。

20. 财政部会计司编写组：《企业会计准则第 37 号——金融工具列报》应用指南，中国财政经济出版社 2018 年版。

21. 财政部会计司编写组：《企业会计准则第 42 号——持有待售的非流动资产、处置组和终止经营》应用指南，中国财政经济出版社 2018 年版。

22. 财政部会计司编写组：《企业会计准则第 7 号——非货币性资产交换》应用指南，中国财政经济出版社 2020 年版。

23. 财政部会计司编写组：《企业会计准则讲解（2010）》，人民出版社 2010 年版。

24. 财政部会计资格评价中心：《中级会计实务》，经济科学出版社 2022 年版。

25. 王昌锐：《中级财务会计》，中国财政经济出版社 2022 年版。

26. 张志凤：《2022 年注册会计师考试应试指导及全真模拟测试》，北京科学技术出版社 2022 年版。

27. 中国注册会计师协会：《会计》，中国财政经济出版社 2022 年版。